AACHENER STUDIEN
SOZIALWISSENSCHAFTEN
WINFRIED BÖTTCHER (Hg.)

HANS U. HAPPE

IRLAND
UND DIE
EMIGRATION

**Die Bedeutung des
Auswanderungsphänomens**

RaderVerlag

Aachener Studien "Sozialwissenschaften"
Hg. von Winfried Böttcher - Bd. 4

CIP-Kurztitelaufnahme der Deutschen Bibliothek

Happe, Hans Ulrich:
Irland und die Emigration : d. Bedeutung d.
Auswanderungsphänomens für d. ir. Insel / Hans
Ulrich Happe. - 1. Aufl. - Aachen : Rader, 1987.
  (Aachener Studien Sozialwissenschaften ; Bd. 4)
  ISBN 3-922868-88-6

NE: GT

Copyright 1987 by Rader Verlag
Kongreßstr. 5, D-5100 Aachen
1. Auflage
ISBN 3-922868-88-6

Auf der Welt gibt es zwei Arten von Menschen,
die Iren und diejenigen,
die gerne Iren sein würden
(Irisches Sprichwort)

Für Martina

GLIEDERUNG

Abb. 1 Grafschafts-, Provinz- und Landesgrenzen in Irland
1 Landesgrenze Eire-Nordirland 2 Provinzgrenzen
3 Grafschaftsgrenzen. Nach Ordnance Survey Map

1.)

3

2.)

0.1. Irland im Zitat

"Irland, smaragdgrüne Insel im Atlantik, letzte Station zwischen Europa und New York, erste Station des Christentums, Land der Heiligen und Gelehrten, der Missionare und Rebellen, Heimat der Dichter: Shaw, Wild, Goldsmith, Swift, O'Casey, Yeats, Joyce. Kleinstes Land der größten Dichter! Irland, Land der Kontraste, Land der wilden Stürme und nassen Wetter, Land der Spieler und Trinker, Land der Menschen mit einem Herzen, Land des Glaubens und Aberglaubens. Irland, Land des schönsten Frauenlächelns ... Irland, Land ohne Nachtigallen, ohne Wälder und Rehe, Land, in dem die Zeit stillsteht, Land der doppelten Regenbögen, Land der Harfe und des Shamrock! Land ohne Wirtschaftswunder, ohne Nachtclubs, ohne Hast. Kein Land ist wilder und sanfter, stiller und stürmischer, großherziger und engstirniger, ärmer und gleichzeitig reicher als du, Land der Lebensweisheit, Land der Lebenstorheit!"[3.]

"'Stell dir einen Suppenteller vor', sagt Sean neben mir, 'einen Teller mit aufgewölbtem, gewelltem und schön gemustertem Rand, der in allen Farben spielt: viel Grün ist da, aber auch Violett und Gelb. Zur Mitte hin verblassen die Farben, es bleibt ein einförmiges Braun. Dieser Teller hat einen Sprung. Er geht nur über einen kleinen Teil der Fläche, unregelmäßig von Rand zu Rand. Es ist kein gefährlicher Sprung, o nein, der Teller wird nicht brechen. Hast du solche angeschlagenen Stücke in deinem Haushalt?' 'Ja', sage ich, 'und ich verstecke sie unter dem heilen Geschirr; ich möchte sie am liebsten vergessen, aber sie kommen immer wieder zum Vorschein.' - 'Siehst du', ruft Sean, 'da haben wir es. Welch schönes Gleichnis haben wir gefunden: Irland als defekter Suppenteller. Als Rand ringsum: die Berge, auch gelbe Strände, grüne Weiden und Hügel. In der Mitte das endlose Moor. Und der Sprung: die Grenze zu den sechs Grafschaften, die noch zu England gehören. Wenn man an den Sprung denkt, so schmerzt es.'"[4.]

"Seen on a map, Ireland always reminds me of a plump puppy dog standing on its hind legs begging for attention, or of a small child jumping up and down in the lap of mother Europe, with Britain serving as a comfortable cushion."[5.])

"-I feel more strongly with every recurring year that our country has no tradition which does it so much honour and which it should guard so jealously as that of its hospitality. It is a tradition that is unique as far as my experience goes (and I have visited not a few places abroad) among the modern nations. Some would say, perhaps, that with us it is rather a failing than anything to be boasted of. But granted even that, it is, to my mind, a princely failing, and one that I trust will long be cultivated among us. Of one thing, at least, I am sure. (...) the tradition of genuine warmhearted courteous Irish hospitality, which our forefathers have handed down to us and which we in turn must hand down to our descendants, is still alive among us."[6.])

"Die Kirchen Dublins sind nicht im eigentlichen Sinn schön zu nennen, aber sie haben etwas, worum andere Gotteshäuser sie beneiden können: Man trifft nämlich fast zu jeder Stunde des Tages Gläubige in ihnen an. Selbst wenn keine Messen gelesen werden, schauen die Leute hier zu einem Schwätzchen mit ihrem Herrgott herein, den sie sich liebevoll als großen jovialen Dubliner da oben im Himmel vorstellen, der alles sieht und alles vergibt. Noch immer zünden die Menschen aus besonderen Anlässen eine Kerze an, aber nicht aus ängstlichem Aberglauben, sondern vielmehr in der Überzeugung, daß dies immerhin eine uralte Tradition sei und daß man es Gott einfach nicht antun könne, plötzlich damit aufzuhören. Man hat das Gefühl, diese Menschen erzählten ihrem Schöpfer von ihren Hoffnungen für das Wetten beim Pferderennen oder von ihrem felsenfesten Glauben, der Herr werde in irgendeiner dringlichen Angelegenheit zu ihren Gunsten intervenieren, (...)."[7.])

1. Vorbemerkungen

1.1. Vorwort

Mit Irland, den Iren und dem, was oft als die irische Seele bezeichnet wird, beschäftige ich mich schon seit einigen Jahren. Meine Beziehung zu diesem Land ist aber weder das Resultat einer romantisch-illusionären Vorstellung von einem geheimnisumwitterten Eiland noch die Folge des gerade sehr beliebten Alternativ- und Ökotourismus. Mein Interesse an jenem Land entwickelte sich vielmehr aus der Beziehung zu meiner irischen Freundin Martina Purdy, die aus Dublin stammt.

"Irland", das ist in der letzten Zeit gewissermaßen zu einem Modewort geworden. "Irland", das scheint für "Aussteigen", für "Fremdartiges", für "Exotisches" zu stehen. Besonders interessant wird die Insel dadurch, daß sie in Europa liegt, also erreichbar ist aber trotzdem weit weg scheint. Erreichbar, bezogen auf die Geographie, mag stimmen. Charakter- und mentalitätsmäßig liegt jedoch Einiges zwischen den Iren und den Kontinentaleuropäern, erst recht den Deutschen.

Kaum ein Ire sieht sein Land als Teil Europas an. In vielen Gesprächen wurden mir auf der Insel immer wieder Fragen nach meinen Lebensumständen auf dem Kontinent, den die Iren ganz selbstverständlich im Gegensatz zu ihrem "Old Ireland" mit Europa gleichsetzen, gestellt. Kommt ein Ire aufs Festland, so verhält er sich in einer Beziehung häufig wie die Urlauber aus den Vereinigten Staaten. Er fängt in Spanien an zu schauen, zu erleben und zu erfassen, durchquert schnell Frankreich, Österreich oder die Schweiz, schaut auch mal in die Bundesrepublik hinein, zeigt sich von Brüssel und Amsterdam angetan und ist zufrieden mit sich und dem, was er gesehen und erfahren hat. Europa im Schnelldurchlauf, Europa im Zeitrafferverfahren. Grenzen, die gibt es für einen Iren erst dann, wenn er ans Meer kommt. Ist das nicht etwas Wunderbares, etwas wirklich Europäisches? Bei einem solchen "Grenzenverständnis" sollte die irische Teilung von der Bevölkerung nie akzeptiert werden können.

Mit den letzten Bemerkungen habe ich mich bereits meinem eigentlichen Thema genähert. Das Reisen und das Zurückkommen, mehr noch das Nicht-Zurückkommen stehen dabei im Mittelpunkt. Ziel meiner Ausführungen ist es, "die Emigration aus Irland" darzustellen. Bei meinen Studien bin

ich zu dem Ergebnis gekommen, daß "DIE AUSWANDERUNG" der alles entscheidende Schlüssel zum Verständnis der Geschichte und der Entwicklung Irlands ist. Daran hat sich bis heute wenig geändert, auch wenn
viele irische Politiker versuchen, dies abzustreiten. Das Empfinden,
Fühlen, und Verhalten des ganzen Irischen Volkes und der gesamten
Irischen Nation werden von Grund auf durch das Phänomen der Auswanderung geprägt und bestimmt.

1.2. Zur Vorgehensweise

Ich weiß, daß es verschiedene Möglichkeiten gibt, mein Thema, welches
ich in der von mir bearbeiteten Art und Weise nirgends vorfand, anzu-
gehen. Während meiner Untersuchungen ist mir klar geworden, daß es
ungünstig ist, das Phänomen der Auswanderung ausschließlich von einer
bestimmten Seite zu bearbeiten. Interdisziplinären Gesichtspunkten
kommt daher in meinen Ausführungen große Bedeutung zu. Auf den ersten
Blick mag meine Absicht, Irland, "The Emerald Isle" (die Smaragd-
Insel) als Ganzes, in seiner grundsätzlichen Struktur und seiner Geschichte vorzustellen, unverständlich wirken. Ich halte dieses Verfah-
ren aber für geeignet, meinem Thema gerecht zu werden. Die Informationen, die ich in meinen Ausführungen gebe, werden sich wie ein Mosaik-
stein an den anderen fügen und Irland auf dem Hintergrund der Emigration hoffentlich mehr als nur in groben Umrissen vorstellen. Die
Auswanderung, besser die Auswanderungswellen werden dabei auf der
einen Seite Mittelpunkt der Darstellung sein; auf der anderen Seite
werden sie zu dem roten Faden, auf den die Informationsperlen über
Irland zur Kette gereiht sind. Die unterschiedlichsten Aspekte sind
hier von Bedeutung. Aus diesem Grund möchte ich zuerst allgemeiner
gefaßt über die Insel schreiben. Später werde ich mich mit der ge-
schichtlichen Entwicklung beschäftigen und an den entscheidenden Stellen versuchen, analysierend und interpretierend auf die Entwicklung
der Bevölkerungszahlen einzugehen. Unterschiedliche Belege aus der
Literatur, eigene Erfahrungen und Einiges mehr habe ich verarbeitet.
Den Nordirlandkonflikt, der mehr als nur einen gesonderten For-
schungsbeitrag wert wäre, kann ich leider nur in der meinem Thema
zuträglichen Ausführlichkeit behandeln. Einen anderen wichtigen Bereich werde ich in den letzten Kapiteln der Arbeit untersuchen. Gemeint ist die Entwicklung der Irischen Insel nach 1945 sowie die

absehbaren zukünftigen Perspektiven.

Leider ist es mir nicht gelungen, Primärliteratur (Parlamentsdebatten usw.) in dem von mir gewünschten Umfang zu verarbeiten. Ich hoffe aber, daß ich mit Hilfe des mir vorliegenden Materials trotzdem zu interessanten Ergebnissen gekommen bin.

Beginnen werde ich mein Buch,welches ich durch eine kleine Zitatensammlung, mit deren Hilfe ich die Vielfältigkeit des "Problemlandes" und des "Traumlandes" Irland anklingen lassen wollte, bereits eingeleitet habe, indem ich eine einfache Frage stelle: Wer sind die Iren?

An dieser Stelle möchte ich anmerken, daß ich den Begriff "irisch" nicht aus einer enggefaßten sprachwissenschaftlichen oder ethnischen Sicht gebrauchen werde. Falls nicht anders erklärt, bezieht er sich einfach auf die Bevölkerung, die auf der Insel lebt.

2. Wer sind die Iren?

"Niemand würde es einfallen, alle Deutschen kurzerhand als Preussen, alle Franzosen als Bretonen zu bezeichnen, und wenn es in Deutschland zuweilen geschieht, so verwahren Bayer, Schwabe und Sachse sich energisch dagegen. Was ihnen recht ist, muss Schotten und Iren, Walisern und dem Volk von Cornwall billig sein. Sie sind Briten für die Welt draussen, (...). Für die Welt drinnen sind sie alles, nur keine Engländer. Das müssen sich die Engländer häufig genug sagen lassen. Sie haben sich auf der Insel mit den Engländern, so gut es gehen will, eingerichtet, und ins Benehmen gesetzt. Aber die Grenzen, die das Inselreich auf der Karte zu einem so buntgefleckten, minuzös untergeteilten Stück Erde machen, existieren nicht nur in ihrer Einbildung oder ihrer sentimentalen Erinnerung."[8.)]

Oft wurde versucht, mir klar zu machen, daß die Iren in England leben und daß ich, wenn ich mich gegen eine solche falsche Verallgemeinerung wehrte, nicht so kleinlich sein sollte. Dies ist nicht überraschend, denn die meisten Deutschen, so wenigstens meine Erfahrung, kommen bei der Ein- und Zuordnung der Britischen Inseln (ich kenne keinen Iren, der diese Bezeichnung verwendet) nicht zurecht. Mit dem irischen

Wissen über die Bundesrepublik sieht es aber auch nicht besser aus. In Dublin bin ich ernsthaft gefragt worden, wie es mir gelungen ist, ohne Schwierigkeiten Ostdeutschland zu verlassen. Da ich nicht in der Deutschen DEMOKRATISCHEN Republik zu Hause bin, erschien diese Frage naheliegend.

Wie soll es Völkerverständigung zwischen Kontinenten oder ideologischen Machtblöcken geben, wenn nicht einmal die Einwohner der Europäischen Gemeinschaft die grundsätzlichste aller die EG betreffenden Fragen beantworten können: Wer und was ist unsere EG? Um solchen Informationsdefiziten sinnvoll entgegenzuwirken, böte die Schule mit ihrem konventionellen Fächerkanon wie auch mit interdisziplinären Unterrichtseinheiten oder Blockveranstaltungen genügend Raum. Leider wird dem in der Praxis kaum Bedeutung zugemessen. Ich habe wahllos verschiedene Geographie-, Geschichts- und Englischbücher daraufhin untersucht, in welcher Form dort auf Irland eingegangen wird. Das Ergebnis war traurig. Selten wurde die Insel mit mehr als einer Seite bedacht. Am schlimmsten ist jedoch die Tatsache, welche Fülle von Fehlinformationen in Schulbüchern gegeben werden. Renomierte Verlage drucken da, daß in Irland ausschließlich Gälisch gesprochen wird oder daß Nordirland ein Teil von Großbritannien ist, um nur zwei Beispiele zu nennen.

Im folgenden Zitat, welches auch aus einem Schulbuch stammt, versucht der Autor dem Leser Klarheit über die Staatenstruktur auf den Inseln zu geben. Dies gelingt auch. Bedauerlich ist hier, daß Irland als Staat, wie so oft nur als Unterkapitel dargestellt wird. Dies zeigen die beiden Überschriften "Britain and the British" und "The Face of Britain".

Durch Falschinformationen kommt es oftmals zu Vorurteilen und Klischeevorstellungen, die der Völkerverständigung kaum hilfreich sind. Gerade auf die Iren bezieht sich eine Reihe von Vorurteilen. Manche sind einfach nur amüsant, wie die Vorstellung, daß ein rechter Ire, so wie wir ihn alle aus der Werbung und aus Filmen "kennen", rotes Haar und einige tausend Sommersprossen haben muß. In Wirklichkeit sehen so nur 4% der Landesbevölkerung aus. Die Mehrzahl der Menschen auf der Insel hat braunes Haar.[9.)]

‹Britain and the British›

The Face of Britain

When people speak of Britain, they often use different expressions to mean the same thing. Sometimes they say 'The British Isles' or 'The United
5 Kingdom'; sometimes they say 'Great Britain'; and sometimes, quite wrongly, they speak of the whole group of islands as 'England'. Let us first see what all these different expressions really mean.

1. *The British Isles* consist of two large islands—
10 Great Britain and Ireland—and a large number of smaller islands. Together they cover an area of 121,000 sq. miles with a population of about 55 million. Between 1801 and 1921 they were all united in one state, but today Southern Ireland, under
15 the name of Eire, is an independent republic.

2. *The United Kingdom* consists of Great Britain and Northern Ireland—that is all the countries of the British Isles which recognize Elizabeth II as their queen. Her title is: 'Elizabeth the Second,
20 by the Grace of God of the United Kingdom of Great Britain and Northern Ireland and of Her other Realms and Territories Queen, Head of the Commonwealth'. The United Kingdom is often simply called Britain.

25 3. *Great Britain* is the largest of the British Isles. It includes Scotland, Wales and England.

4. *England* is the south-eastern part of Great Britain. With an area of 50,000 sq. miles and a population of 45 million it is the largest and most
30 densely populated part of the United Kingdom. From the earliest times England has always been the most powerful country of the British Isles. That is why many foreigners still speak of 'England' when they really mean Great Britain or the United Kingdom.

Vorurteile können aber auch gefährliche Folgen haben. Hier möchte ich den Nordirlandkonflikt ansprechen. Viele protestantische Iren halten die Katholiken für faul, schmutzig, unzuverlässig, nicht vertrauenswürdig, verschlagen, brutal, arbeitsscheu usw.[11.] Der Nordirlandkonflikt zeigt eindeutig, was Vorurteile und unreflektiertes Reden und Denken bewirken können. Natürlich muß nicht jeder wissen, daß Irland aus den vier historischen Provinzen Leinster, Munster, Connacht und Ulster besteht, die in 32 Grafschaften aufgeteilt sind, und daß 6 der 9 Grafschaften von Ulster das zum Vereinigten Königreich gehörende Nordirland ausmachen. Leute, die sich aber in der Öffentlichkeit an nicht so leicht zu durchschauende Themen wie die Irlandproblematik heranwagen, sollten einfach besser informiert sein und ihr Unwissen nicht durch ihre Position und Funktion multiplizieren. Es wird dem Irischen Volke nicht gerecht, es nur aus Vollständigkeitsgründen innerhalb der englischsprachigen Welt und des englischen Kulturraumes zu beachten.

"In den siebeneinhalb Jahrhunderten seit der Landung der Normannen ist Irland hineingewachsen in die Gemeinschaft der englischsprechenden Völker, hat es diese Gemeinschaft seinerseits mitgestaltet, und zwar auf beiden Seiten des Atlantiks. Der englische Geist wäre nicht, was er ist, ohne den Beitrag der Iren, ohne Swift und Sheridan, Goldsmith und Sterne, Berkeley und Burke, Wild und Shaw, Yeats, Joyce, Beckett und viele andere mehr. In den Vereinigten Staaten wurde aus den Hunderttausenden von irischen Einwanderern eine Macht, welche die Geschicke der Heimat mitzubestimmen begann; ein Nachfahre machte Weltgeschichte: John F. Kennedy."[12.]

Gerne vereinnahmen die "anderen" bekannte Iren für eigene Zwecke. Dies prägt, oft als Wahrheit gelehrt, selbst unvoreingenommene Leser und Hörer. Unzählige Male ist Shaw mit Sicherheit schon als der große englische Schriftsteller bezeichnet worden. Ich selbst bin bei meinem Staatsexamen in Germanistik auf den Fehler aufmerksam gemacht worden, Sterne als Iren, der er nachweislich ist, bezeichnet zu haben. Hier ist nicht der Ort für Vorwürfe, aber der Ort zu verdeutlichen, welche Rolle die Iren und ihre Nachfahren für die gesamte Welt, nicht nur im europäischen Raum gespielt haben, und wenn man z.B. an Ronald Reagan denkt, auch heute noch spielen.

Es stimmt, daß die Iren neben der Sprache auch viele andere englische Eigenschaften z.B. das Teetrinken, das Golfspielen und den Fußball. übernommen haben. Man darf aber nicht glauben, daß diese äußerlichen Eigenschaften sie zu Engländern gemacht und ihr innerstes Wesen völlig verändert hätten.[13.] Als Beispiel, wo etwas von dem wirklich irischen Inneren zum Vorschein kommt, könnte eine Beschreibung typisch irischer Sportarten dienen.

"Hurling und Football sind gälische Nationalspiele. Hurling könnte man mit Hockey vergleichen, einem Hockeyspiel, in dem praktisch alles erlaubt ist - bis auf den Versuch, dem Mitspieler den Schädel einzuschlagen (obwohl auch das oft genug vorkommt). Jedenfalls darf man mit dem Schläger nach freiem Belieben in der Luft herumfuchteln. Es ist das demokratischste Spiel, das ich je gesehen habe. Es ist fast anarchistisch. Die Torpfosten sind metaphysisch nach oben hin verlängert, ragen über die Querlatte hinaus, enden im Imaginären. Geht der Ball über die Latte, und ginge er hundert Meter hoch über die Latte, solange er zwischen den beiden ins Unendliche verlängerten Torpfosten hindurchgeht, ist es ein Punkt, a point. Geht er unter die Latte, ist es ein Tor, a goal. Drei Punkte zählen soviel wie ein Tor. (...)
Der andere irische Nationalsport heißt 'Football'.(...) Es hätte ebenso gut auch 'Handball' heißen können; denn man darf den Ball sowohl mit der Hand als auch mit dem Fuß beförden. Es ist ein Zwitter jener beiden kontinentalen Sportarten, die als Handball- und Fußballspiel bekannt sind. Wiederum darf man den Ball fangen, werfen, köpfen, schießen, darf alles tun, was in kontinentalen Spielen verboten ist, und gewinnt, wie beim Hurling, Tore und Punkte. Denn wiederum sind die Torpfosten auf jene seltsame metaphysische Art nach oben hin verlängert - was dem Torhüter keine Chance gibt. Schnelle Spiele sind's, lebhafte Spiele, wilde Spiele: irische Spiele, die das Volk ebenso wild begeistern."[14.]

3. Die Insel

Die Irische Insel ist am äußersten Nordwesten des europäischen Kontinents, genauer gesagt zwischen dem 51 1/2 und dem 55 1/2 nördlichen Breitengrad und dem 5 1/2 und 10 1/2 westlichen Längengrad gelegen. Im Osten trennt die zwischen 17,6 km und 320 km breite Irische See Irland und Großbritannien voneinander. An den anderen Küsten gibt es neben sehr schmalen Küstengewässern des Kontinentalsockels nur den Atlantischen Ozean. Irland, Großbritannien und natürlich das kontinentale Europa liegen auch heute noch gemeinsam auf jenem Festlandsockel. Bei einem Absinken des Meeresspiegels wäre die Themse ein Nebenfluß des Rheins. Dies ist im Laufe der Erdgeschichte mehrmals der Fall gewesen. Alleine diese geographische Verbundenheit sollte für die heutigen Politiker aber auch für die Bevölkerung unseres Kontinents Ansporn sein, endlich wirkliche europäische Gemeinsamkeit zu empfinden und zu leben.

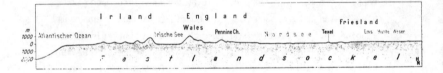

15.)

Vor 5000 bis 6000 Jahren hatte eine direkte Verbindung zwischen den Inseln und dem Festland bestanden. Diese Landbrücken, sowohl die zwischen dem Kontinent und Großbritannien, wie auch die zwischen Großbritannien und Irland, wurden durch Landsenkungen bzw. Gletschermoräneneinstürze zerstört. Der Abtrennungsvorgang bewirkte, daß die irische Flora und Fauna heute weit weniger vielfältig ist, als die des übrigen Europas.

Irland ist nicht, wie gemeinhin angenommen, ein flaches Land. Zwar ist der Carrantuohill mit seinen nur 1040 m Höhe in der Kette der MacGillycuddy's Mountains (Reeks) der höchste Berg Irlands, jedoch gibt es an den Küsten sehr viele Gebirgszüge, die eine aber auch nicht ausschließlich flachschüsselige Zentralebene freilassen und umrahmen. Die meisten Berge sind durch die Eiszeit abgerundet oder durch Witterungseinflüsse abgetragen worden. Dadurch wurde die Landschaft aber

14

auch die Sprache stark geprägt. In zahlreichen Ortsnamen kommt das Wort Glen vor, welches so viel wie Gletschertrogal bedeutet.[16.] Weite Moore und ausladende flache Gebiete lassen den Eindruck entstehen, man befinde sich in Irland nicht auf einer Insel. Dies ist natürlich ein Trugschluß. Nicht nur geographisch gesehen ist Irland wohl "mehr Insel" als manche vergleichbare Staaten.[17.]

Da Irland im Bereich milder Südwestwinde, sowie des warmen Golfstromes liegt, und da die Insel relativ klein ist, herrscht auf ihr ein recht ausgeglichenes Klima. Es ist gut verträglich, feucht, wird durch wenig Schnee und keine extremen Temperaturen bestimmt, so daß sogar Palmen wachsen können. Grün, das ist DIE Farbe in Irland. Dies gilt nicht nur für die Vegetation, sondern auch für das tägliche Leben. Dublins Busse sind grün, die Briefkästen, die Stewardessen der irischen Luftfahrtgesellschaft Aer Lingus sind grün gekleidet und am 17. März, dem St. Patrick's Day gibt es sogar grünes Bier in den Pubs Irlands.[18.]

Irland, das nie eine große Seemacht besaß, forderte durch seine insulare Lage und durch seine strömungsarmen Flüsse, die bis ins Landesinnere führen, gerade zur Invasion heraus. Diese Wasserwege waren aber auch umgekehrt, also beim Verlassen des Landes von großer Bedeutung.

Auf den folgenden Seiten werde ich auf die Entwicklung der Bevölkerung und ihre Struktur während der Geschichte Irlands eingehen und an signifikanten Stellen die Ursachen und Folgen von Bevölkerungsschwankungen in einen direkten Bezug zu den jeweiligen Auswanderungswellen bringen.

Anzumerken ist, daß selbst in von kompetenten Verfassern stammender Literatur Abweichungen bei Daten und Zahlen vorkommen. Ich möchte keine Fehler entschuldigen, jedoch mögliche Ungereimtheiten erklären.

19.)

Abb. 4 Verteilung des Landes über 150 m Höhe in Irland
1 Wicklow Mountains 2 Knockmealdown Mountains 3 Bergland von
Kerry 4 Bergland von Connemara 5 Bergland von Mayo 6 Bergland
von Donegal 7 Sperrin Mountains 8 Plateau von Antrim 9 Mourne
Mountains 10 Slieve Bloom. Nach BARTHOLOMEW's Touring Map

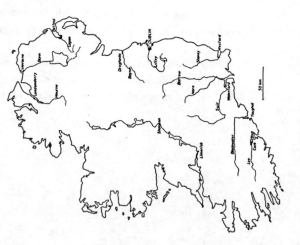

20.)

Abb. 5 Die Flüsse Irlands. Nach BARTHOLOMEW's Touring Map

16

4. Ireland's History until the Famine

4.1. Die Frühzeit und ihre Anfänge

Ca. 7000 bis 5000 v. Christus setzten im Norden der Insel erstmals Menschen ihren Fuß auf irischen Boden. Es handelte sich um mittelsteinzeitliche Jäger, Fischer und Sammler, die Irland anfangs noch über Land, später mit fellbespannten Booten von Schottland kommend, erreichten. Von der Nordseeküste zogen sie nach Süden und Westen weiter. Damals ist also schon der Grundstein zu dem besonderen Verhältnis der beiden Nachbarinseln gelegt worden.[21.)]

In den nächsten Jahrtausenden folgten verschiedene Besiedlungsetappen, wie unterschiedliche Bestattungsformen beweisen. Die neolithischen Siedler besaßen verbesserte Werkzeuge sowie Kenntnisse in der Landwirtschaft und der Töpferei. Aus jener Zeit stammen auch die berühmten Ganggräber im Boynetal. Das berühmteste Ganggrab ist Newgrange im Co. Meath.

22.)

17

Rund 2000 v. Christus kamen Berg- und Bronzearbeiter nach Irland. Zu ihnen zählte auch das Baeker-Volk, das in Europa wegen seiner charakteristischen Töpferei bekannt wurde. Andere Siedlergruppen, die neue Techniken und neues Werkzeug auf die Insel mitbrachten, folgten. [23.]

Die Lust und das Interesse des Irischen Volkes zu reisen, entwickelte sich aus wirtschaftlichen Gegebenheiten. In der Bronzezeit, um 1500 v. Chr. entstanden wegen der Metallgewinnung und -verarbeitung für Irland Verbindungen nach Übersee. So kam es, daß schon im steinzeitlichen Irland so etwas wie Export existierte, denn Feuerstein und Äxte wurden ausgeführt. In der Bronzezeit trieb die Bevölkerung mit Metallen wie Kupfer, Bronze und Gold sowie mit selbstgefertigten Gegenständen wie Bronzeäxten und mondsichelförmigen Goldplättchen (Lunulae) Handel und war ein äußerst wichtiger Metallproduzent der damals bekannten Welt. Eingeführt wurden Rohstoffe, Luxusgüter und Schmuckgegenstände. [24.]

4.2. Die Zeit der Kelten

"Die Kelten, die im letzten vorchristlichen Jahrtausend die Bevölkerung von West- und Südeuropa bildeten, sind nicht Britanniens Urbevölkerung. Als sie - seit ungefähr 300 v.Chr. - zunächst als Händler und dann als erobernde Siedler einströmten, fanden sie eine brünette Urrasse vor: die Picten. Diese dürften in der Jungsteinzeit von Süden her eingewandert sein." [25.]

So eindeutig ist die Rolle der Kelten aber nicht. Überlieferungen bestehen fast nur aus zweiter Hand, von griechischen Schriftstellern oder Gaius Julius Cäsar.

"(...) qua ex parte est Hibernia insula, dimidio minor, ut existimatur, quam Britannia, sed pari spatio transmissus adque ex Gallia est in Britanniam. In hoc medio cursu est insula, quae appellatur mona; (...)" [26.]

Bis heute ist es unmöglich, genau zu sagen, wer die Kelten wirklich waren. Poseidonios, der Urahn aller Keltenforscher sprach von den Stämmen der Ambronen, der Teutonen, der Kimbern und sogar der Germani.

18

Seit dieser Zeit sind die Grenzen zwischen den Kelten und den frühen Germanen von vielen Wissenschaftlern immer als fließend betrachtet worden.

Keltische Dialekte, die sich wahrscheinlich aus einer schon im zweiten Jahrtausend v.Chr. gesprochenen Sprache ableiteten, sind das irische und das schottische Gälisch, das walisische Kymrisch, das Manx der Insel Man, das Cornish der Bewohner von Cornwall und auch das Bretonisch. Heute weiß man, daß die Träger der Latene-Kultur, also die Kelten, das heutige Deutschland von den Alpen bis etwa Westfalen, ganz Frankreich, den größten Teil Spaniens, Oberitalien bis hinunter nach Florenz, die Schweiz, Böhmen, Ungarn, Teile Rumäniens sowie Polens, ja sogar türkische Gebiete besetzt hielten, bewohnten oder beherrschten. Natürlich trifft dies auch für England und Irland zu. Später konnten die Kelten ihre geographische Ausdehnung nicht in dauerhafte politische Macht umsetzen. So kam es, daß die Römer bis etwa 50 v.Chr. auf dem Kontinent das keltische Imperium, welches im politischen Sinne eigentlich nie bestanden, aber doch seit 450 v.Chr. existiert hatte, auslöschten. Nur in Irland war dies nicht der Fall. Hier blieben die Kelten und die Gälen bis 450 n.Chr. eindeutig bestimmend.[27.)]

In diesem Zusammenhang möchte ich erwähnen, daß es in Irland zwischen der Urbevölkerung und den Kelten zu einer relativ friedlichen Assimilierung kam. Angleichungsprozesse dieser Art sind für die irische Geschichte symptomatisch, wie ich noch zeigen werde.

Die Römerzeit hinterließ in Irland keine Spuren, denn die Insel war von den Römern weder wie Britannien als Militärkolonie, noch wie große Gebiete des Kontinents als Siedlungraum genutzt worden. Heute ist es kaum zu glauben, daß Banden marodierender Iren die römische Provinz Britannien immer wieder angegriffen und reiche Beute in Form von Gold, Silber und Sklaven nach Hause gebracht hatten.[28.)]

Von allen Völkern Europas, die behaupten keltischen Ursprungs zu sein, haben die Iren wohl trotz aller historischen Ungewißheit das größte Recht dazu. Dies ist nicht verwunderlich, denn die keltischen Eindringlinge prägten durch ihre Kriegeraristokratie und ihre Art zu leben die gesellschaftlichen Grundlagen eines ganzen Jahrtausends auf der Insel.[29.)] Da es die damals mit vielen Privilegien ausgestattete Druidenklasse unterließ, Aufzeichnungen anzufertigen, ist das keltische Leben nur durch mündlich tradierte Sagen und Erzählungen bekannt. Eine Ausnahme bildet das Ogham-Alphabeth, einfache Kerben und Linien mit denen aber kaum mehr als Namen mitgeteilt werden konnten.[30.)]

Dies änderte sich erst, als der Einfluß des Christentums, unter Einbeziehung der keltischen Religion bald zur keltischen Kirche geformt, stärker wurde.

Die Insel war in verschiedene Königreiche aufgeteilt. Anders als das Volk waren die Herrscher seßhaft. Die typische Lebensform war die Sippe, die Großfamilie, die alle Verwandten bis zum vierten Grad erfaßte. Solche Gruppen, thuath genannt, unterstanden Kleinkönigen, von denen es 150 in Irland gab. Diese waren wiederum einem Provinzkönig tributpflichtig (es gab derer fünf). Zu den privilegierten Gruppen gehörten neben den Druiden, die Magier, die Priester, Mediziner, Historiker, Rechtsgelehrte, Goldschmiede, Poeten und Barden. Erst später wählten die Könige aus ihrer Mitte einen Hochkönig (ard ri).[31.] Somit gab es zwar keine politische, gewissermaßen aber eine kulturelle Einheit in Irland.

Es ist eigenartig, daß über das dritte große Volk, welches Westeuropa neben den Germanen und den Römern entscheidend geprägt hat, kaum etwas bekannt ist, und wir uns fast nur mit den, zwar ohne Zweifel beeindruckenden, aber wohl doch zu fiktiven, sagenhaften Geschichten, wie den Erzählungen um König Artus und sein Gefolge, zufriedengeben müssen. Irland bietet die Möglichkeit, auch heute noch Neues über die Kelten zu lernen.

Das Bewußtsein und die Tatsache, daß die Iren von den Römern nicht direkt geprägt und beeinflußt worden waren, ist mit Sicherheit ein Quell, aus dem der Stolz der Iren abgeleitet werden kann. Sie sehen sich als ein unabhängiges Volk, das von diesen, den Römern trutzenden Vorfahren abstammt und auch weiterhin seine Eigenständigkeit und seine Besonderheiten bewahren und dokumentieren will.[32.]

Wolfgang Ziegler charakterisiert die Iren wie folgt:

"Der Ire wird als höflich, gesellig und herzlich beschrieben, der Ire ist kein Lügner, doch er verspricht gedankenlos das Blaue vom Himmel, nur um gefällig zu sein. Mit diesen Eigenschaften verbindet er einen gesunden Geschäftssinn und den festen Willen, sein eigener Herr zu bleiben; nicht zuletzt deswegen schreitet die industrielle Entwicklung Irlands so langsam voran."[33.]

Schlußfolgerungen

Ich habe bereits angesprochen, daß Irland nach der Erdkrustenentwicklung und der Separation vom Kontinent zu einer besiedelten Insel geworden war. Für die Menschen war es selbstverständlich, daß sie, um die Insel zu verlassen, einen entscheidenden Schritt wagen mußten. Es galt das Meer zu befahren, um zu fischen, zu erforschen, zu erobern, zu plündern und Handel zu treiben. Das Meer war aber nicht nur eine Trennmarkierung zwischen der Insel und der übrigen Welt sondern natürlich auch eine Brücke. Nach meiner Meinung wirkte sich dieser Umstand auf den Charakter der Iren aus. Da eine Meeresbefahrung damals um ein Vielfaches gefährlicher war als das heutige turnus- und routinemäßige Übersetzen mit den modernen Fährbooten des 20. Jahrhunderts, waren die Ureinwohner mit dem Gedanken vertraut, ihre Heimat für lange Zeit, vielleicht sogar für immer zurücklassen zu müssen. Anders als die Germanen und die Römer konnten die Iren nicht einfach losgehen, anhalten, ohne weiteres umkehren oder "so ein wenig über die Grenzen gucken". Die Iren waren von Anfang an auf das Reisen angewiesen, auf das Zurücklegen längerer, gefährlicher Strecken. Dies kam durch die Entdekkungs- und Eroberungsfahrten sowie dadurch, daß die Bevölkerung Handel trieb und durch ihre besondere Stellung im Gold-, Kupfer-, und Bronzehandwerk zu Seefahrern und Händlern wurde. Auch auf der Insel selbst waren die Menschen damals nicht richtig seßhaft. Sie zogen durchs Land und dokumentierten so ihre Freiheit. Noch heute trifft dies auf die Minderheit der Tinkers zu. Andere Bezeichnungen für diese Bevölkerungsgruppe sind: Gypsies oder Travelling People.
Nicht nur die Situation als Inselbewohner ist für die späteren Auswanderungswellen von Bedeutung. Die große Zahl der irischen Könige sowie die der vielen freien Iren zeugt davon, daß die irische Bevölkerung einen gesunden Stolz besaß. Auch heute lebt der Großteil der Menschen in kleinen aber eigenen Häusern und ist "frei" (nur ca. 30% der Einwohner leben zur Miete). Dieses Lebensgefühl scheint mir in den Grundzügen schon aus jener Zeit zu stammen.
Was liegt näher, wenn es nur die Alternative gibt, Sklaverei und Abhängigkeit im eigenen Land oder Freiheit in der Fremde, als das Land zu verlassen, auch wenn es sehr schmerzhaft ist.

4.4. Die Christianisierung

Für meine Ausführungen sind die nun folgenden Jahrhunderte von besonderer Bedeutung. Bis heute ist nicht geklärt, wie das Christentum auf
die Insel gekommen ist. Es gibt verschiedene Theorien, wie z.B. die
Annahme, das irische Christentum sei durch Kontakte zu Weinhändlern
aus Burgund entstanden. Andere behaupten, daß es durch irische Kolonien in Britannien seinen Weg nach Irland gefunden hat. Wieder andere
sehen einzelne irische Söldner, die in römischen Diensten standen als
Bindeglied zwischen Irland und dem Christentum an.[34.)]
Irland ist wahrscheinlich nie direkt mit dem römischen Christentum in
Berührung gekommen, sondern hat sich in religiöser Hinsicht eigenstän-
dig entwickelt. Der Hadrianswall, der Schottland vom römischen Britannien trennte, spaltete auch christliche und heidnische Kelten. Die
christliche Mission scheidet sich hier in eine kontinental-römisch-
episkopale und in eine schottisch-irisch-syrisch-monastische. Dies
änderte sich erst mit dem Erscheinen der Normannen in Irland.
Um 360 n. Ch. kam mit dem heiligen Ninian die erste Missionswelle von
Schottland nach Irland.[35.)] Im Jahr 431 wurde den Iren Palladius von
Papst Caelestinus als erster Bischof gesandt, um die irischen Christen
als Kirche zu organisieren.[36.)] Von diesem Bischof und auch von der
ersten Missionswelle ist kaum etwas überliefert. Das, was bekannt ist,
wird meist einem Mann zugeschrieben, der erst später auf die Insel
kam, um dort zu wirken. Gemeint ist der heilige Patrick, die wichtig-
ste und bekannteste Figur in der Periode der irischen Christianisierung. Unzählige Mythen, Sagen und Geschichten haben sich um den Natio-
nalheiligen der Insel gebildet.

Eine Legende besagt, daß der Heilige mit Hilfe eines dreiblättrigen
Kleeblattes, heute eines der typischen irischen Symbole, das Prinzip
der Heiligen Dreifaltigkeit verdeutlicht habe. In einer anderen Geschichte heißt es, daß, seitdem der heilige Patrick seinen Fuß auf
irischen Boden gesetzt hat, dort nie mehr eine Schlange angetroffen
worden sei.[37.)]
Wo der irische Nationalheilige ursprünglich herstammte, ist bis heute
nicht restlos geklärt. Er selbst bezeichnet sich als Sohn eines
christlichen Stadtrates in einer Stadt des römischen Britanniens.
Irische Seeräuber sollen Patrick als Sechzehnjährigen nach Irland entführt haben, wo er als Sklave arbeiten mußte, ehe es ihm gelang, mit

einem Schiff nach Gallien überzusetzen und zu fliehen.[38.)]

St. Patrick's Statue in Co. Mayo[39.)]

Dort ging er auf Pilgerschaft, studierte und empfing die Bischofs-
weihe.[40.) Aus Gallien kehrte er nach Britannien zurück, bis er, einer
inneren Stimme gehorchend, zum zweiten Male nach Irland ging, diesmal
freiwillig, aber, wie er selbst sagte, als Gefangener des Geistes.[41.)
432 soll er in der Grafschaft Down gelandet sein, soll Kirchen gegründet, Priester und Bischöfe berufen haben. Die moderne Forschung zwei-
felt jedoch erheblich daran. Nach historischen Erkenntnissen soll
Patrick nur ein kleines Stück im Norden der Insel bereist haben.[42.)
Für die Entwicklung Irlands ist eine eindeutige Beantwortung dieser
Frage unerheblich. Wichtig ist nur, daß Irland christianisiert wurde
und scheinbar ohne jedes Blutvergießen, denn von Märtyrern ist nichts
überliefert. Bei den Geistlichen herrschte Tolleranz gegenüber dem
Alten, so daß auch heidnische Schriften gesammelt und gelesen werden
durften. Auf diese Weise wurde das alte Sagengut mit seinen Göttern
und Heroen bewahrt.[43.) Gleichzeitig mit der Christianisierung setzte
in Irland eine bedeutende Kunst- und Kulturepoche ein, die als Blüte-
zeit des Landes bezeichnet wird. Zentrale Ausgangspunkte für die
Christianisierung und auch für Kunst und Kultur waren die zahlreichen
Klöster, die teilweise gigantische Ausmaße hatten. So lebten im Kloster Clonfert bis zu 3000 Mönche.[44.)
Die Klöster waren entscheidend und dominierend. Territoriale Besitz-
fragen waren zweitrangig, der Begriff der Diözese und der damit ver-
bundene Verwaltungsapparat unbekannt.[45.)
Am Anfang entwickelte sich die irische Kirche also gesondert von der
Kirche Roms. Später wurden die Iren zu den Bewahrern der kontinental-
christlichen Traditionen, weil auf dem Festland durch die Wirren der
Völkerwanderung sehr viel verloren ging, was die damalige Kirche
ausmachte. Deutlich war der orientalische Bezug des irischen Christentums. Enge historische Kontakte nach Ägypten und Syrien zeugen
davon. Syrische Mönche flohen nach Einbruch der Mohamedaner westwärts.
Die Iren traten zum Ende des sechsten Jahrhunderts auf dem Kontinent
die Nachfolge der Syrer an. (es gab fünf syr. Päpste)[46.)
Die irischen Heiligen, Bischöfe und Priester waren in der Welt für
ihren erzieherischen und religiösen Eifer, und auch für ihren hohen
Wissensstand bekannt. Irland wurde mehr und mehr zum Mittelpunkt des
geistigen und kulturellen Lebens des Abendlandes. Die irischen Mönche
wurden zu Kolonisatoren und Kulturträgern ersten Ranges in Europa.[47.)
In der Literatur wird von Kulturmission gesprochen. Der Begriff "Irische Mission" gehört als feste Vokabel in den Wortschatz der Histori-

ker. Bevor die Iren auf den Kontinent gingen, suchten sie zuerst das heutige Schottland und Nord- und Ostengland auf. Der heilige Columba (Columcille) von Derry war einer der ersten und berühmtesten Missionare. 563 rief er in Iona, im Westen Schottlands ein Kloster ins Leben, von wo die Missionierung der Nachbarinsel betrieben wurde. Durch ihr Wirken verliehen die Iren Schottland den typischen gaelischen Charakter.[48.)]

Die hauptsächlichen Klöster im frühmittelalterlichen Irland, nach Maire de Paor.[49.)]

Die irischen Missionare besiedelten die Hebriden, Grönland, Island und die Orkney-Inseln, so daß die Wikinger später nicht nur in Irland auf die Spuren der "Heiligen Väter" stießen. Auch auf dem Kontinent gibt es viele Zeugnisse der irischen Missionstätigkeit.

Der bei Würzburg erschlagene Kilian wurde zum Apostel des Frankenlandes. Friedolin kam nach Säckingen, Corbinian nach Freising, Emmeran nach Regensburg, Vivilo nach Passau. Virgil, der Abt in St. Peter in Salzburg wurde, wurde von einem irischen Bischof ordoniert. Der heilige Brendan hatte Einfluß längs der Nord- und Ostseeküste bis nach Nowgorod. Die heilige Birgit, die Maria der Gaelen, wirkte bis nach Italien und Portugal.

Die wichtigsten Zentren des irisch-christlichen
Einflusses[50.)]

In Köln, Lüttich, Wien und anderen Orten entstanden Klöster unter der Leitung irischer Äbte.[51.] Der heilige Columbanus ging nach Burgund und Italien. Fiachra und Fursa waren in Gallien tätig. Livinius wirkte in den Niederlanden. Die drei berühmtesten Klostergründungen sind wohl Lindisfarne, St. Gallen und Bobbio.[52.]

Wie bedeutend die irische Kultur damals war, ist beispielsweise an der berühmten Tara-Brooch, dem Ardagh-Kelch (beide um 700) oder dem Book of Kells sowie dem Book of Durrow zu erkennen. Auch die berühmten Hochkreuze und Rundtürme, die für Irland typisch sind, möchte ich hier nennen, obwohl Zweifel bestehen, daß sie wirklich ursprünglich irisch sind.

Irlands Ausnahmestellung hatte zwei direkte Folgen. Auf der einen Seite wurde das Land und seine Klöster begehrtes Ziel ausländischer Gelehrter. Auf der anderen Seite verließen unzählige Iren die Insel und entwickelten sich zu einem bestimmenden Faktor der karolingischen Zeit. Irische Mönche wurden an die europäischen Höfe und Paläste geholt und dort gerne gesehen.[53.]

54.)

4.5. Die Wikingerzeit

Angesprochen habe ich sie bereits, die länglichen Gebäude, von denen es heute noch eine ganze Reihe in Irland gibt, die Rundtürme. Grund für ihren Bau war eine Ereignis, welches eine Zeit der relativen Ruhe beendete. Seit dem Jahr 795 suchten die Nordmänner immer häufiger die Insel auf und setzten sich schließlich auch in der Mitte des 9. Jahrhunderts in einigen von ihnen gegründeten Orten wie Dublin, Cork, Wexford, Waterford oder Limerick fest.

Das Wappen von Dublin[55.)]

Der Reichtum der Klöster hatte erst die Norweger, später auch die Dänen angelockt. Die Türme dienten der Bevölkerung als Schutz; denn sie waren mit ihren einige Meter über dem Boden befindlichen Eingängen, die nur mit Leitern zu erreichen waren, kaum einzunehmen.[56.)]
Für die Wikinger war es leicht, ins Landesinnere einzudringen, da das Land politisch keine Einheit war. Sie zerstörten viel, haben aber für die Entwicklung Irlands auch viel Positives geleistet. Die Traditionen des städtischen Lebens, des dauerhaften Handels und einer geregelten Schiffahrt sind auf sie zurückzuführen. Die ersten Städte in Irland

wurden so zu Mittelpunkten kaufmännischen und kriegerischen Tuns. Die Wikinger brachten durch ihren Handel mit irischer Wolle und Häuten vom Kontinent und von England Wein, Tuche und Sklaven mit. Auf sie geht auch die Einführung der ersten Münzen in Irland zurück.[57.)]

Bald versuchten die Iren die Fremdherrschaft zu brechen. Da es kein geeintes Irland und somit auch keine schlagkräftige Armee gab, war dies recht schwierig. Im Jahre 867 siegte eine irische Armee zu Wasser auf dem Lough Foyle, bald darauf gewannen sie bei Drogheda und beendeten die Herrschaft der Wikinger im Norden. Im Süden war die Macht noch rund 100 Jahre Jahre, bis 967, der Einnahme und Zerstörung Limericks, ungebrochen. 1014 am Stadtrand von Dublin, bei Clontarf gelang es dem damaligen Hochkönig Brian Boru in der nach Überlieferungen blutigsten Schlacht des Zeitalters, endgültig die Wikinger zu besiegen. Er selbst verlor dabei sein Leben, das Hochkönigtum erneut seine Stetigkeit.[58.)]

Das Leben in den Städten änderte sich nach dem Sieg der Iren kaum; denn viele Wikinger blieben und nahmen das Christentum an. So kam es erneut zu einer Assimilation unterschiedlicher Bevölkerungsgruppen. Eine territoriale Neugliederung hatte zur Folge, daß das Land in vier Kirchenprovinzen, deren Hauptstädte und Erzbischofssitze in Armagh, Dublin, Cashel und Tuam lagen, aufgeteilt wurde. Dadurch, daß der Papst den Erzbischöfen das Pallium überreichte, unterstellten sie sich formal Rom. Vorbei waren von nun an die Zeiten, als Irland sogar exkommuniziert wurde (unter Papst Honorius 625 - 638).[59.)]

4.6. Schlußfolgerungen

Nachdem Irland christianisiert war, verließen viele Menschen die Insel. Dies überrascht, denn im Gegensatz zu späteren Jahrhunderten bestand im 6. und 7. Jahrhundert für die Iren kein direkter Zwang, andere Länder aufzusuchen.

Es stellt sich die Frage, warum Scharen von Menschen, in erster Linie Mönche ihre Heimat verließen. Darauf gibt es mehrere Antworten. Mönchsein, das war in den Augen der Bevölkerung etwas Besonderes. Um ihre Ausnahmestellung zu rechtfertigen, legten sich die Mönche selber harte Prüfungen auf. Dazu sind die Weltflucht, das Emeritentum und die Askese zu zählen. Wie ich schon angeführt habe, gab es in Irland während der Christianisierung keine Märtyrer. Die irischen Mönche suchten nach

etwas vergleichbar Hartem und Schwerem, um Gott ihren Glauben zu
bekunden. In Gruppen zu oft 12 Männern zogen sie nach dem Vorbild der
Bibel in die Welt. Vom heiligen Brendan wird sogar auf Grund seiner
Reiseberichte angenommen, daß er bis an die Küste Floridas gelangt
sein müsse. Die Mönche stellten sich und ihren Glauben somit auf eine
Probe, die Probe hieß Emigration.[60.)]

In den kommenden Jahren änderte sich der Hauptgrund für die Auswan-
derungstendenzen. Das Festland gewann in kultureller Hinsicht wieder
an Bedeutung. Diese Tatsache lockte viele Mönche an die Höfe des
Kontinents. Für gebildete Menschen, wie sie, war es reizvoll, sich mit
anderen auszutauschen und neue Erfahrungen zu sammeln. Askese und
Wissenzuwachs, Forschen und Leiden, das sollte die christliche Voll-
kommenheit, die die Mönche zu erlangen suchten, garantieren. Das
Ansehen der Iren war so groß, daß die Bezeichnung "Ire" zu einem
Ehrentitel wurde, den sich so mancher zulegte, auch wenn er nichts mit
der Insel zu tun hatte.[61.)]

Die erste Auswanderungswelle nach Christus war die eigentliche "Irische Mission", die zweite war das eher "Passive an die Höfe des Kontinents geholt und gebeten werden". Als schließlich die Wikinger einfie-
len, kam es durch deren Gewalt zu einer erneuten Auswanderungswelle.
Diesmal war der Abschied von der Heimatinsel nicht selbst auferlegte
Probe sondern Flucht vor den Eroberern. Mit dieser Flucht fällt zeit-
lich das Ende des oftzitierten "Goldenen Irischen Zeitalters" zusammen. Das planlose Missionieren hatte keinen deutlich sichtbaren Zusammenhang, und vieles, was die Mönche leisteten, geriet in Vergessenheit. Wer weiß heute z.B. noch, daß der Irschenberg in Salzburg der
irische Berg hieß.[62.)]

Neben den kirchlichen Aspekten, gab es auch völlig unchristliche
Gründe, die manche Iren veranlaßten, das Land zu verlassen und ihre
angeborene Wanderlust unter Beweis zu stellen. Ich denke z.B. an die
berüchtigten Piratenbanden der Fianna oder an Helden wie Froich oder
Maelduin.[63.)]

4.7. Die Normannenzeit

Das Datum 1171 ist auf der Irischen Insel eine der meist analysierten
und interpretierten Zahlen. Die Hauptmacht der Wikinger, hatte Irland
verlassen, trotzdem herrschten in den Jahren zwischen der Schlacht bei

Clontarf und der normannischen Invasion eine große innere Unruhe im Land. Dazu trugen die angesprochene Kirchenreform sowie das Ringen der irischen Könige um die Macht auf der Insel bei. Folge war, daß die Normannen in Irland gern gesehen wurden. Die reformwilligen Geistlichen sahen in ihnen eine Hilfe, ihre Kirche zu erneuern, bei den weltlichen Fürsten waren sie willkommen, weil diese darauf hofften, von ihnen unterstützt zu werden. Der Provinzkönig von Leinster, Dermot MacMurrogh sah seine Machtstellung gefährdet und bat außerhalb Irlands um militärische Hilfe. Von Heinrich II. erhielt er die Erlaubnis, unter den Adligen der südwalisischen Grenzmark Verbündete zu sammeln. Der mächtigste unter ihnen war Richard de Clare, der Starkbogen genannt wurde.

Strongbow's Tomb, Christ Church Cathedral, Dublin, Ireland.   Photo: P. O'Toole, John Hinde Studios

64.)

Strongbow liegt in Dublins Christ Church beerdigt. An seiner Seite ist eine kleine Figur zu sehen. Eine Version besagt, es handele sich um Strongbows Herz, eine andere um sein Kind.[65.)]
Der König von Leinster war dank seiner Verbündeten erfolgreich und versprach Richard de Clare die Thronfolge und seine Tochter Eva. Nach MacMorroghs Tod setzte sich Starkbogen durch. Nun griff Heinrich selber ein, da ihm die Macht seiner Barone zu groß wurde und er Angst

vor dem Entstehen unabhängiger Fürstentümer hatte. Heinrich ging nach
Irland und ernannte die Barone zu Kronvasallen. Die weltlichen und
geistlichen irischen Führer erkannten Heinrichs Oberherrschaft an.
Lange Jahre sollte nun die "Lordschaft von Irland" die Heinrich errichtet hatte, bestehen bleiben, ehe sie in ein Königreich umgewandelt
wurde.[66.])

Oberflächlich stimmt somit das, was in England häufig über das proble-
matische Verhältnis der beiden Nachbarinseln gesagt wird. Die Iren
haben die Engländer tatsächlich gerufen. Auf irischem Boden wurde der
sogenannte "Lord Lieutenant" Vertreter des englischen Königs. 1172
setzte Heinrich II. Hugh de Lacy als ersten Lord Lieutenant ein, 1922
verließ mit Viscount Fitzalan of Derwent der letzte Lord Lieutenant
Dublin. Trotzdem halte ich es für falsch, dieses Datum unkritisch
als Beginn der englischen Herrschaft zu bezeichnen, wie es in der
Literatur häufig gemacht wird.[67.]) Die 800 jährige Kontinuität einer
angeblichen englischen Herrschaft über Irland ist alleine deshalb kon-
struiert, weil es sich im 12. Jahrhundert nicht um Engländer handelte,
die auf die Insel kamen.

"Die Invasoren waren Normannen, Flamen und Abkömmlinge einer
normannisch-walisischen Mischrasse, kaum jedoch Engländer,
denn ihre Sprache und Kultur waren französisch."[68.])

Die Iren unterwarfen sich Heinrich, nicht aber der englischen Krone.
Da er seiner Aufgabe in Irland keine große Bedeutung beimaß, wurde die
normannische Invasion nicht mit dem Nachdruck durchgeführt, um die
irische Macht zu brechen. Trotzdem waren zu Beginn des 14. Jahrhun-
derts rund zwei Drittel des irischen Landes im Besitz der Normannen.
Um zu vermeiden, daß es, wie zuvor bei den Kelten, den Gälen und den
Wikingern zu einer Verschmelzung mit der Urbevölkerung kam, wurden die
Statuten von Kilkeney erlassen.

"The Statute of Kilkenny, 1366, forbade them under severe
penalties to intermarry with the Irish, or to use their
language, or follow their mode of life, or to have bards and
rhymers in their households. As it was, legislation then and
later seems to have had merely a temporary effect, for as
late as the time of the Great Earl of Kildare, who was Lord

32

Deputy from 1477 to 1513, the Normans openly intermarried with the Irish, the Irish language was frequently employed by the Normans and often well known to them; while the English language had made little headway among the native Irish.[69.])

Die Gesetze trugen somit keine Früchte, und bald war nur noch das Gebiet um Dublin (pale) und Teile der Ostküste unter direktem normannischem Einfluß. Unruhen und Kämpfe erschütterten immer wieder das Land. Es gab keine politische und militärische Eindeutigkeit. Irische Könige, Vizekönige, die in England lebten und irisches Land als Lehen gaben, schottische Eroberungszüge usw., all das sorgte dafür, daß Irland geschwächt wurde. Mißernten verschlimmerten die allgemeine Notlage. Es kam zu dem, was in den nächsten Jahrhunderten für Irlands Bevölkerungsentwicklung symptomatisch wurde. Die Menschen verließen aus wirtschaftlichen Gründen die Insel. Zuerst waren es nur Siedler, die ursprünglich aus England kamen; bald aber auch Nichtnormannen, die vor ihren unsicheren und ärmlichen Lebensverhältnissen und auch vor der Pest, die die Städte 1349 und 1350 heimsuchte, kapitulieren. In der ersten Hälfte des 14. Jahrhunderts waren es vor allem die Handwerker, die Irland den Rücken kehrten, weil ihr Stand durch unerträgliche finanzielle Abgaben und durch die andauernden kriegerischen Handlungen sehr belastet wurde.
Trotz aller Wirren behielten die Normannen in den Häfen von Dublin, Drogheda, Dundalk und Waterford auch weiterhin einen direkten Zugang für ihre Schiffahrt. Dies sollte später für Irland weitreichende Folgen haben.
Um das Jahr 1500 waren die Grafen von Kildare in Irland an der Macht. Sie hatten sich im Kampf um die Vormachtstellung behauptet und vom englischen Königshaus ihre Legitimation erhalten.[70.])

4.8. Schlußfolgerungen

Im vergangenen Kapitel kam dem Phänomen der Auswanderung eine besondere Bedeutung zu. Erstmals waren es wirtschaftliche Gründe, die Teile der Bevölkerung dazu brachten, ihre Heimat zu verlassen. Die Normannen hatten auf der Irischen Insel ein Projekt begonnen, welches sie damals aus verschiedenen Gründen nicht zu Ende führten. Den normannischen Königen gelang es nicht, eindeutige Kompetenzregelungen zwischen den irischen Adligen und den Vertretern der englischen Krone einzuführen. Außerdem glückte es nicht, in Dublin oder an einem anderen Ort eine funktionsfähige oberste Verwaltung einzusetzen.

Ihr Einfluß war somit ohne Plan und Langfristigkeit. Den Schaden, den diese Entwicklung mit sich brachte, bekamen in erster Linie die einfachen Siedler und Handwerker zu spüren. Direkte Folge war eine Auswanderungwelle, die nach meiner Meinung der erste Vorbote der erschreckenden Auswanderungzahlen des 19. Jahrhunderts war. Trotzdem, und darauf möchte ich an dieser Stelle hinweisen, sind es auf keinen Fall ausschließlich wirtschaftliche Gründe und schon gar nicht der Hunger, warum die Iren ihr Land verließen. Der Wunsch zu reisen und der Wunsch auszuwandern sitzen tiefer. Dies zu verdeutlichen war der Hauptgrund, warum ich dem ersten nachchristlichen Jahrtausend soviel Umfang eingeräumt habe.

4.9. Die Tudorzeit

Heinrich VIII. interessierte sich für Irland mehr als seine Vorgänger. Um seinen Einfluß auf der Nachbarinsel zu vergrößern und den Kildares zu verkleinern, versuchte er, die Mächtigen Irlands durch schwankende Freundschaftsbeweise gegeneinander auszuspielen. In seinen Augen war es zu gefährlich, Irland unabhängig zu lassen, da die Insel so den Gegnern Englands hätte Unterschlupf und Verbündete bieten können. So kam es, daß Irland unterworfen wurde.

Heinrich VIII. setzte im Jahre 1534 den Grafen von Kildare als "deputy" ab. Nicht mit Krieg und Gewalt, sondern mit diplomatischen Mitteln versuchte er über Irland Herr zu werden. "Unterwerfung und Belehnung" war das Programm. Vertraglich legte er fest, daß die Adligen Irlands ihm ihr Land abtreten mußten, es später aber als Lehen zurückerhielten. 1541 wurde Heinrich von einem irischen Parlament, das seit 1297 als Ständeversammlung der Angloiren bestand, der Titel "König von Irland" verliehen.

Theoretisch ließ sich dies alles gut an, doch prallten mit der Zeit die unterschiedlichen Rechtsauffassungen sowie die differierenden Ansichten über die Kirchenreform und die beiden recht verschiedenen Gesellschaftsstrukturen aufeinander. Die Reformationsbestrebungen, die es nicht nur in England sondern in weiten Teilen Europas gab, waren Irland fremd. Der Wunsch nach Änderung bestand nicht. Als die anglikanischen Bischöfe oft außer Landes weilten, brachten die romtreuen Mönche die Bevölkerung auf ihre Seite. Unter Eduard VI., Mary und Elizabeth verstärkten sich die Unterschiede zwischen den Reformierten und den Papsttreuen. Die Religion wurde mehr und mehr zu einem politischen Indikator.

Elizabeth versuchte in Irland den Machtbereich des Englischen Empires weiter auszudehnen als jemals zuvor. Dazu bediente sie sich eines Mittels, welches in der Landesgeschichte eine entscheidende Rolle gespielt hat, der sogenannten Plantation. Rebellische irische Siedler wurden gegen loyale englische Siedler ausgetauscht. Zu ihnen gehörte auch Sir Walter Raleigh, der sich gegenüber den Iren durch unnötige Grausamkeiten auszeichnete. Die Politik Elizabeths wurde gestoppt, als im Norden der Insel einige mächtige Familien unter der Führung von Hugh O'Neill und Hugh Roe O'Donnell auftraten.[71.)]

Zu diesem Konflikt merkt der bekannte Reiseautor A.E. Johann sinngemäß an: Am 24. Dezember 1601 ging das irische Irland unter. In der Schlacht bei Kinsale wurde Hugh O'Neill und Red Hugh O'Donnell, genannt der Adler des Nordens, besiegt. O'Donnell flüchtete nach Spanien, nach Salamanca, wo er ein Jahr später unter ungeklärten Umständen starb. O'Neill kämpfte weiter, mußte sich aber am 30. März 1603 dem Lordstellvertreter von Königin Elizabeth bedingungslos unterwerfen. Sechs Tage zuvor war die Königin gestorben. Noch heute wird von vielen Iren bedauert, daß O'Neill sich nicht länger gehalten und es so mit Jakob von Schottland, ihrem Nachfolger zu tun bekommen hatte. Dieser wäre ihm, da wohlgesonnen, vielleicht sogar als Freund entgegengekommen. So aber waren die Unterwerfungsbedingungen hart wie zu Lebzeiten der Königin.[72.)]

Obwohl Irland nun einige ruhige Jahre durchlebte, kam es überraschender Weise zu einer erneuten, diesmal zahlenmäßig kleineren, für die politische Entwicklung aber um so bedeutenderen Auswanderungswelle, zur der "Flucht der Grafen". Im Jahre 1607 verließen zahlreiche Adlige, unter ihnen die Grafen Tyrone und Tyrconnell heimlich mit Gesinnungsgenossen, Verbündeten und Bediensteten die Insel. Obwohl Jakob ihnen fast ihren ganzen Landbesitz gelassen hatte, konnten die stolzen Grafen den Verlust des irischen Herrschertitels und ihrer Unabhängigkeit nicht verwinden. Außerdem hatten sie den Verdacht, daß ihr Leben, trotz allen Entgegenkommens von Seiten des Königs, in Gefahr war. Im Norden Irlands, daher stammten die Grafen zum großen Teil, entstand in der Führungsschicht ein Vakuum. Wieder setzte die Plantation ein.

Das Land der Grafen fiel an die Krone zurück. Die Iren, die unter den Grafen ihre Ländereien rechtmäßig besessen hatten, büßten diese ein. Der Boden wurde Engländern und Schotten übergeben, die sich verpflichten mußten, auch nur Engländer oder Schotten als Pächter anzunehmen. Dies war ein weiterer Schritt einer radikalen Besitzveränderung im Norden der Insel.[73.]

"Ein beträchtlicher Anteil am Ansiedlungsgebiet wurde von Londoner Handelkompanien übernommen, wonach Grafschaft und Stadt Londonderry benannt wurden"[74.]

Die katholischen Iren, gleichgültig, ob nun Einheimische oder Kolonisten, stellten sich gegen die neuen Siedler.[75.] Religiöse Unterschiede zwischen den Iren sowie den katholischen, königstreuen englischen Siedlern auf der einen und den neuen protestantischen Siedlern auf der anderen Seite, verschärften die Fronten. Die katholische Kirche bzw. ihre aktiven Mönche halfen der Bevölkerung. Die protestantische Kirche tat nichts dergleichen. Der politische und religiöse Konflikt verschmolz mehr und mehr; denn die irischen und altenglischen Siedler verloren ihr Land, wenn sie sich nicht dem König und der Religion des Königs anpaßten. Dies ließ die beiden Bevölkerunsgruppen zu Verbündeten werden. Die neuen Siedler erhielten das von den alteingesessenen einteignete Land. Steuern wurden erhoben, um die Macht Englands zu stützen, weil es sich wieder einmal in einem Konflikt mit den Kontinentalmächten Spanien und Frankreich befand. Irland sollten alle Möglichkeiten genommen werden, in irgendeiner Form, und sei es nur als Stützpunkt der Feinde Englands, einzugreifen. In Irland hielten sich noch irische Söldner auf, die im Dienste der geflohenen Adligen standen. Außerdem weckten Iren, die außer Landes in verschiedenen Armeen des Kontinents dienten, immer wieder im Mutterland die Hoffnung, daß Hilfe von außen kommen könnte.[76.] All dies trug dazu bei, daß am 23. 10. 1641 ein Aufstand stattfand, dessen Beginn die Einnahme der Dubliner Burg hätte markieren sollen. Auf Grund von Verrat blieb der Aufstand aber fast ausschließlich auf den Norden der Insel beschränkt.

Es würde zu weit führen, alle Interessenskollisionen, Allianzen, Intentionen, Wünsche, Befürchtungen, Erfolge, Niederlagen, Strategien usw. darzustellen, daher fasse ich mich kurz.

"Diese Verflechtung religiöser, politischer und wirtschaftlicher Interessen, konnte nur durch einen klaren militärischen Sieg auf einer der beiden Seiten entwirrt werden."[77.])

Dublin Castle[78.])

4.10. Cromwell und die Zeit der Restauration

Mit Oliver Cromwell kam die klare Entscheidung, die den schwelenden
Konflikt beendete. Im August 1649 betrat er mit wenigen tausend Leuten
als vom Parlament ernannter Lord-Leutnant die Insel und löste den Konflikt innerhalb von nur neun Monaten. Ich verzichte, auf die Ausein-
andersetzung zwischen dem Englischen König und dem Parlament einzugehen, aus der Cromwell als Sieger hervorgegangen ist.
Hier ist nur von Bedeutung, wie Cromwell sich in Irland durchgesetzt
hat. Da er sein Tun und die Stellung Englands als von Gott gewollt an-
sah, handelte er kompromißlos und grausam. Unvergessen ist sein Wort:
"To hell or to Connacht." Connacht, im Westen der Insel gelegen, war
die ärmste der irischen Provinzen. Für die Katholiken, die am Leben
blieben, war dieses Gebiet die einzige Alternative zu "hell", zum
Tod.[79.]) Deutlich wird auch hier, daß die Plantation wieder griff. So

kam es, daß im Norden der Insel nach Cromwells Sieg die Mehrzahl der Landbesitzer Protestanten war. Das immer wieder neu aufflammende Begehren der Nordiren, sich von der englischen Macht zu befreien, hatte zur Folge, daß diese dort am energischsten durchgriff und durch intensive Siedlungspolitik die konsequenteste Absicherung ihres Machtbereiches auf der irischen Insel betrieb. Die Folgen sind bis heute offensichtlich. Hunger, Lebensmittelknappheit, eine am Boden liegende Wirtschaft und ungenutztes Land trugen dazu bei, daß viele Katholiken auswanderten.[80.] Irische Soldaten, die nach den Kämpfen das Land verließen, stiegen als Söldner in ausländischen Armeen bis in höchste militärische Ränge auf. Frankreich, Spanien und Österreich wurden die bevorzugten Ziele irischer "Auswanderersoldaten". Zu erwähnen sind aber auch irische Kaufleute, die im eigenen Land keine Zukunft mehr sahen und sich in den Hafenstädten des Kontinentes niederließen. Ärzte, Rechtsanwälte und Gelehrte zog es ebenfalls in die Fremde. Auf dem Kontinent wurden auch irische Colleges gegründet, so in Paris, Rom, Lissabon, Salamanca, Alcala und Louvain, um den katholischen Iren wenigstens außerhalb des Landes eine adäquate Ausbildung zu geben, die ihnen im Mutterland selber verwehrt war.[81.] Als es in Irland durch zunehmende Viehwirtschaft ökonomisch etwas bergauf ging, griff England ein und stoppte die irische Einfuhr per Gesetz. England ließ eigenen irischen Initiativen keinen Raum, solange sie nicht zum Vorteil Englands waren.[82.]

Die Restauration, wie die Zeit nach Cromwell bis zum Jahr 1690 genannt wird, ist durch große Spannungen gekennzeichnet. König Karl II. zeigte sich in den Augen der Protestanten zu katholikenfreundlich, so daß diese ihm Schranken auferlegten. Das prominenteste Opfer der religiösen Massenhysterie war damals Oliver Plunkett, der Erzbischof von Armagh, ein allseits geschätzter Mann, der die englische Krone akzeptierte, aber trotzdem hingerichtet wurde. Plunkett war einer derjenigen, die irische Colleges im Ausland, er in Rom, besuchten.

"He spent the next twenty-two years in the Eternal City, seven as a student at the Irish College, (...)."[83.]

Plunkett, der inzwischen heilig gesprochen wurde, genoß in der Öffentlichkeit, selbst auf protestantischer Seite, großes Ansehen. Dies alles half ihm aber nicht. Sein Prozeß wurde nach London verlegt. Trotz aller Gegenbeweise wurde er schuldig gesprochen, erhängt, geviertelt und verbrannt. Das Haupt Plunketts ist heute noch in der St. Peters Kirche in Drogheda zu sehen. Dort wird es in einem Glasschrein aufbewahrt.[84.] Trotz aller Rückschläge stieg der Einfluß der Katholiken erneut. Als auch König Jakob II. ihnen freundlich entgegentrat, riefen die Protestanten Nordirlands Wilhelm und Maria von Oranien als König und Königin von Irland aus. 1690 trafen sich die Heere am River Boyne, wo es zu einer vernichtenden Niederlage der Katholiken kam. Noch heute feiern die Protestanten diesen Sieg am Orange Day (12. Juli), der immer wieder Anlaß zu Krawallen und blutigen Auseinandersetzungen gibt. Nach der militärischen Entscheidung wurden die Rechte der Katholiken weiter eingeschränkt. Hier nur einige Beispiele: Sie wurden aus Heer, Miliz, Zivilverwaltung, Gemeinderäten und aus der Juristenlaufbahn ausgeschlossen. Grundbesitz durften sie nicht nach Kauf, Vererbung oder Schenkung antreten. Die katholische Erziehung der Kinder wurde nun auch im Ausland verboten. Damit versuchten die Protestanten sich besser vor dem Papismus zu schützen.[85.]

4.11. Die Flucht der Wildgänse (Wild Geese)

Auf Grund der verschärften Bestimmungen setzt in Irland die nächste Auswanderungswelle ein. Wieder verlassen viele Soldaten die Insel und treten in die Dienste kontinentaler Mächte. Auch Großgrundbesitzer und Landadlige verlassen in großer Zahl das Land. Damit beginnt die sagenumwitterte "Flucht der Wildgänse". Die Mythen, die sich um die Auswanderer rankten, lassen sich daher erklären, daß das Auswandern meist einen Abschied für immer bedeutete. Die Legende um die Wildgänse besagt, daß die Seele dessen, der auf einem Schlachtfeld in der Fremde stirbt, nach Irland zurückkehren und beim Flug über der Heimat den klagenden Schrei der Wildgänse ertönenlassen würde.[86.]
A.E. Johann zählt eine ganze Reihe bekannter Soldaten, Offiziere und Befehlshaber auf, die auf fremden Schlachtfeldern, meist gegen England, gekämpft hatten. In diesem Zusammenhang geht Johann auch auf die Gegenwart ein und stellt fest, daß auch im 20. Jahrhundert unzählige Iren auf den Kriegsschauplätzen starben und auch jetzt noch sterben.[87.] Neben diesen Menschen, die Irland aus eigener Kraft und Überzeugung verließen, gab es in jener Zeit auch Menschen, die die Engländer einfach in ihre neuerworbenen Kolonien verschleppten und dort praktisch als Sklaven und Bedienstete hielten.[88.]

39

4.12. Schlußfolgerungen

In den letzten Kapiteln habe ich gezeigt, wie sehr sich der politische und militärische Einfluß Englands auf die Migration in Irland ausgewirkt hat. England war immer ein Filter zwischen Irland und dem Kontinent. Mode, Musik, die politischen Parteien, Angewohnheiten und vieles mehr sind von der Nachbarinsel nach Irland gekommen. Heute trifft dies z.B. auf die englischen Medien zu. Wichtig ist auch, daß Irland unter dem Einfluß des Common Law, einer Sammlung mittelalterlicher englischer Rechtssprechungen stand.

Trotzdem ist es den Engländern zu keiner Zeit gelungen, Irland ganz in ihre Hand zu bekommen. Ihre Versuche haben sich jedoch tief in das Bewußtsein der Iren eingegraben. So wird der Name Cromwell auch heute noch mit tiefster Abscheu in Irland genannt. Tausende Iren mußten ihrer Heimat wegen der Engländer den Rücken zukehren. Unzählige verlassene Hof-, Kloster- und Burgruinen, in allen Stadien verfallen und aus den unterschiedlichsten Epochen stammend, geben Irland das Aussehen eines überdimensionalen Freilichtmuseums.[89.)]

Ich gebe den Engländern für die Auswanderungswellen nach Einsetzen der Plantationsstrategie einen Großteil der Verantwortung.

Das Empfinden der Iren, die ihr Land verlassen mußten, weil sie sich in ihrer Heimat nicht mehr wohlfühlten, ja weil sie dort gewissermaßen Fremde waren, wird in der letzten Strophe eines Gedichtes von Samuel Ferguson sehr treffend vermittelt.

> "Through the woods let us roam,
> Through the wastes wild and barren;
> We are strangers at home!
> We are exiles in Erin."[90.)]

Die Engländer haben die Iren trotz aller Überlegenheit unterschätzt. Immer wieder versuchten sie, das in Irland entstandene Vakuum mit eigenen Leuten, mit schottischen oder englischen Siedlern zu füllen. Auf den ersten Blick scheint dies auch in den meisten Fällen gelungen zu sein. In Wirklichkeit füllten die Iren das Vakuum selber. An die Stelle der Adligen traten die Priester und Mönche und übernahmen die geistige und politische Führung. Noch heute ist der Einfluß der Kirche in Irland unwahrscheinlich groß. Ein zweiter Punkt, bei dem die Engländer die Iren unterschätzten, war das Nationalbewußtsein, welches

sich in Irland erst mit dem fordernden Auftreten der Engländer entwik-
kelte. Gleichgültig, ob nun irischer Auswanderer in der Welt draußen
oder Ire in der Heimat, immer mehr versuchten sie, sich gegen die
Engländer zu wehren und ihr Irland "hochzuhalten".[91.)]
Ein schönes Beispiel für den irischen Willen und den irischen Lebens-
mut, ist die Einrichtung der "hedge schools". Als es den katholischen
Iren verboten war, ihre Kinder in offiziellen Schulen in Irland aus-
bilden und unterrichten zu lassen, erteilten die Geistlichen draußen
in den Feldern, hinter den Hecken, Unterricht.

"The Hedge Schools
The Hedge School owes its origin to the laws against
education and its name to the practice of keeping school
under the sunny side of a hedge. It became the custom of
teacher and pupil to meet in some quiet spot away from their
homes, and to put one boy on the look out for approach of a
stranger or of a person who, he judged, might prove to be an
informer; and in either case the boy was to warn the school-
master. On such occasions the school dispersed for the day;
but it would always meet in some place else the following
day. In this way the Hedge School became the recognized
channel for surreptious education in country districts,
where...crouching neath the sheltering hedge,
Or stretch'd on mountain fern,
The teacher and his pupils met
Feloniously to learn."[92.)]

4.13. Die Ruhe vor dem Sturm

Eine lange, nicht mehr gekannte Ruhe kennzeichnete das 18. Jahrhundert. Es gab keine kriegerischen Auseinandersetzungen. Die Engländer
kontrollierten die gesamte Wirtschaft wie gehabt. Einfuhrbeschränkun-
gen und eine irlandunfreundliche Handelspolitik ließen nur der Leinen-
industrie im Norden der Irischen Insel Freiräume. Irland steuerte
weiter mit der Hilfe Englands auf die bevorstehende Katastrophe zu,
ohne vom Kurs abzuweichen. Die Pächter konnten meist den äußerst hohen
Forderungen kaum nachkommen. Ihnen blieb nichts anderes übrig, als
sich selber von dem billigsten zur Verfügung stehenden Nahrungsmittel

zu ernähren, von der Kartoffel.

"Vieles, was in England eingeführt werden sollte, das wurde zuerst einmal in Irland versucht. So auch die Kartoffel, die die Engländer vermutlich 1663 nach Irland brachten, wo sie gleich angepflanzt wurde und zum Hauptnahrungsmittel sich entwickelte."[93.])

Die Monokultur und die Tatsache, daß auf schwarzen Kanälen mit Schmuggel von Wolle und Fleisch mehr Geld zu verdienen war, ließen die Bedeutung der Landwirtschaft weiter zurückgehen. Die erste Vorwarnung, wie eine größere Katastrophe enden könnte, gab es in den Jahren 1727-1729 sowie 1740 und 1741 als Hungersnöte tausenden Menschen das Leben kosteten.

St. Patrick's Cathedral, Dublin, Ireland.

Photo: P. O'Toole, John Hinde Studios.

94.)

In dieser Situation war es kein Wunder, daß Männer von wirklichem Format, wie der erste große anglo-irische Schriftsteller Jonathan Swift, selber Protestant, ja sogar Dekan der bis heute größten Kirche Irlands, der St. Patrick Kathedrale, in der er auch beerdigt ist, für die hungernde, meist katholische Bevölkerung das Wort ergriff. Swift, der ein umfassendes Werk politischer und gesellschaftlicher Satiren geschaffen hat, war so empört, daß er 1729 öffentlich den "Vorschlag" machte, zur Behebung des Elends und des Hungers, alle einjährigen Kinder als Braten zuzubereiten und zu verspeisen. Swift malte dieses Bild grausam bis ins Detail aus, ohne damit wirklichen Erfolg gehabt zu haben.[95.)]

Wie schlecht es den Bewohner Irlands damals ging, verdeutlicht eine Liste, die im westlichen Donegal angefertigt worden ist. Im Besitz von 9000 Menschen befanden sich demnach nur ein Wagen, sechzehn Eggen, ein Pflug, zwanzig Schaufeln, kein Schwein, 27 Gänse, drei Truthähne, kein Obstbaum, kein Gemüsebeet, zwei Federbetten und acht Strohsäcke.[96.)]

Obwohl in erster Linie die Südiren von den wirtschaftlichen Problemen betroffen waren, verließen nicht nur sie sondern auch viele Nordiren das Land. Bei dieser Auswanderungswelle rückt erstmals als Ziel die Neue Welt in den Vordergrund. In den amerikanischen Unabhängigkeitskämpfen, bei denen es ja ebenfalls gegen England ging, spielten Iren bedeutende Rollen. Es sind also wieder einmal nicht ausschließlich wirtschaftliche Gründe, sondern auch das politische Denken und der Stolz, was die Auswanderung verlockend erscheinen läßt. Auf diese Weise wirkt das irisch-freiheitliche Gedankengut auch in Übersee. Von dort kehrte es wieder in die Heimat zurück. Dies hat sich bis heute nicht geändert. Die irischen Interessen, vor allem die der Katholiken, werden in den Vereinigten Staaten sehr genau beobachtet und immer wieder von der Öffentlichkeit und den Medien aufgegriffen.

Die Unzufriedenheit der irischen Bevölkerung hatte auf das Parlament Auswirkungen. Arbeitslosigkeit, Preissteigerungen, Bankrotterklärungen usw. förderten den Wunsch nach Unabhängigkeit, nach einer eigenen Verfassung. Trotz dieser Wünsche und Forderungen wurde von Seiten Irlands nicht an eine Trennung von England gedacht. Im Jahre 1782 kam es zu einer Reihe von Gesetzen, die sogar als irische Verfassung bezeichnet wurden. Männer wie Flood, Charlemont und Grattan, nach dem das Parlament auch Grattan's Parliament genannt wurde, sind hier herauszuheben. Die Vergünstigungen, die in jenem, ausschließlich aus Protestanten bestehenden Parlament erreicht wurden, konnten von den Katholiken kaum genutzt werden, da diese an Besitz gebundene Privilegien waren. Die Katholiken besaßen aber nichts, und so blieb in der Praxis alles beim alten. Wie groß der damalige Reichtum in den protestantischen Kreisen war, davon zeugen auch heute noch die imposanten Gebäude Dublins, die aus jener Zeit stammen.

Mansion House, Dublin, Ireland.

Photo: P. O'Toole, John Hinde Studios.

97.)

Grattan-Statue
(O'Connell Street, Dublin)

Um die protestantische Vorherrschaft zu brechen, nahmen sich Männer wie Wolfe Tone mit seinen "United Irishmen", beeinflußt von der Französischen Revolution und den amerikanischen Unabhängigkeitsbestrebungen, der katholischen Sache an. Der Aufstand der "United Irishmen" schlug jedoch fehl.

Die Engländer entschieden, um ihre Macht besser abzusichern, die Vereinigung der beiden Inseln nun auch offiziell und formal durchzuführen. 1801 kam es zu den Unionsakten und Beschlüssen, die die Inseln als das "Vereinigte Königreich von Großbritannien und Irland" auswiesen. Auch die Kirchen wurden zur "Vereinigten Kirche" zusammengeschlossen. Die Befürworter des Zusammenschlusses hofften, so das Konfliktpotential aus dem englisch-irischen Verhältnis herausnehmen zu können. Dies wurde aber nicht erreicht, da Irland auch weiterhin über seine eigene Exekutivgewalt verfügte. [98.)]

Daniel O'Connell war in jenen Jahren die bestimmende Figur in Irlands Politik. Obwohl Katholik, gelangte er ins Parlament nach London. Durch geschicktes Taktieren erreichte er für die Katholiken die Emanzipation. 1829 wurde das von Georg IV. unterzeichnete Emanzipations-Gesetz verkündet, welches den irischen Katholiken das Wahlrecht und das Recht gab, öffentliche Ämter zu übernehmen. O'Connell wurde als Liberator, als Befreier gefeiert. [99.)]

Auf Grund dieser Verbesserungen schöpfte die irische Bevölkerung neue Hoffnung. Dies ist auch am Rückgang der Auswandererzahlen deutlich abzulesen. Ein weiteres Ziel O'Connells war es, daß es den Katholiken generell gestattet werden sollte, Sitz und Stimme im Londoner Unterhaus zu haben. Auch den "Act of Union" versuchte er aufzuheben. Mittel seiner Politik waren friedlich verlaufende Massendemonstrationen, die sogenannten "monster meetings".

Auch wenn O'Connell nicht alle seine Ziele durchsetzen konnte und später von der Gruppe "Junges Irland" unter den Führern William Smith O'Brian, John Mitchel und Thomas Davis abgelöst wurde, ist es ihm anzurechnen, daß die Iren aufgeschlossener der nationalen Sache gegenüber standen. Ihm gelang dies, indem er den irischen Nationalismus mit den Anliegen der katholischen Bevölkerung verschmolz.

So hoch das Ansehen O'Connells in Irland ist, so tragisch ist seine Gestalt, denn ihm wird der Vorwurf gemacht, wegen seiner unter allen Umständen friedliche Politik nichts gegen die größte Katastrophe des irischen Volkes unternommen zu haben, gegen "the famine".

5. The Famine

Wird von der irischen Auswanderung gesprochen, so wird meist auf die
Mitte des vergangenen Jahrhunderts Bezug genommen. Daß dies nicht
richtig ist, habe ich durch meine bisherigen Ausführungen bewiesen.
Trotzdem muß auch ich einen Schwerpunkt meiner Auswanderungsanalyse in
jener Zeit setzen. Zu diesem Zweck werde ich mich auf eine Ausar-
beitung von Donal Garvey stützen, die für das Central Statistics
Office in Dublin angefertigt worden ist. [100.])
Wichtige Informationen konnte ich in diesem Zusammenhang auch aus dem
Canadian Family Tree entnehmen.

> "Although emigration was a feature of Irish life in the
> early part of the nineteenth century the population conti-
> nued to grow; the 1841 census giving a count for the whole
> of Ireland of some 8,175,000 persons."[101.])

Welche Gründe haben zu einem solchen Bevölkerunsanstieg in Irland
geführt, daß es zu dieser für Friedenszeiten in Europa wohl einmaligen
Hungerkatastrophe und zu völkerwanderungsähnlichen Emigrationswellen
kam? Darauf gibt es mehrere Antworten.

> "Ireland's climate, the fertility of its soil, the character
> of its agricultural system and the ease with which a bare
> subsistence could be obtained by growing potatoes had all
> combined to encourage population growth in the early years
> of the nineteenth century. By the 1840s, when the largest
> Irish exodus to North America took place, Ireland was the
> most densely populated country in Europe with a population
> of 8.25- million people surviving on about 13.5 million
> acres of arable land. Over 60 per cent of these people were
> engaged in agriculture, and of these, over 80 per cent were
> said to be living in the midst of squalid surroundings,
> destitution and disease. To further complicate matters,
> there was a high birth rate but no corresponding growth in
> industry and agricultural improvements. When agricultural
> improvements were introduced, the small farmers and the
> labourers or cottiers were often adversely affected.
> It was nevertheless the failure of the potato crop, the only

source of food for thousands, that provided the greatest
impetus for emigration. Between 1828 and 1845 there had been
thirteen years of partial crop failures. In 1846–47, however, the blight was more widespread and devastating than it
had ever been before and with typhus following up famine,
huge numbers died.
For those that lived, emigration offered the only hope for
the future. To agrarian distress was added urban discontent,
caused by unemployment in the handweaving industry. In 1830
it became particulary severe after customs duties were re-
moved and Ireland was flooded with
factory-made products from England. As a result of develop-
ments such as these, many artisans and craftsmen were
displaced.·102.)

Das Ausmaß der Katastrophe wird erst dann deutlich, wenn Vergleichs-
zahlen zu anderen europäischen Ländern aus jener Zeit vorliegen. Irland war das einzige Land Europas, dessen Bevölkerungsentwicklung im
19. Jahrhundert rückläufig war.103.) Interessant ist aber auch, daß
der Norden der Insel auf Grund seiner engeren Verbindungen zu England
von der Katastrophe nicht so sehr getroffen worden ist, wie der süd-
liche Teil.

Überraschend ist dies nicht. Die südirische Bevölkerung war hauptsäch-
lich auf die Landwirtschaft angewiesen. Ungleich größer war hier die
Zahl der Menschen, die der Kartoffelmißernte schutzlos ausgeliefert
war.

·The urban population in the (area corresponding to) Republic of Ireland in 1901 was 887,000 which was 115,000 or over
11 per cent below its level in 1841. The rural population on
the other hand declined from 5,527,000 to 2,335,000 a decline of 3,192,000 or 58 per cent. The decline in the rural
population of Northern Ireland from 1,433,000 in 1841 to
688,000 in 1901 - a decline of 745,000 or 52 per cent - was
of the same order of magnitude as that experienced in the
Republic. In contrast however the urban population of
Northern Ireland increased from 213,000 in 1841 to 549,000
in 1901.·104.)

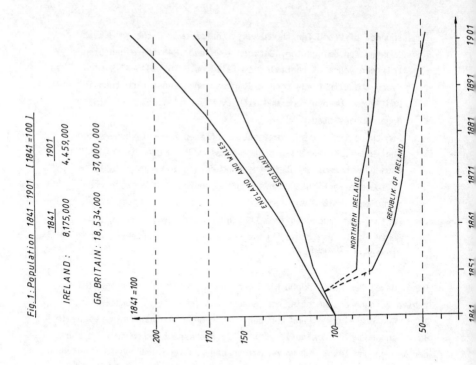

Fig. 1: Population 1841 - 1901 (1841 = 100)

	1841	1901
IRELAND:	8,175,000	4,459,000
GR. BRITAIN:	18,534,000	37,000,000

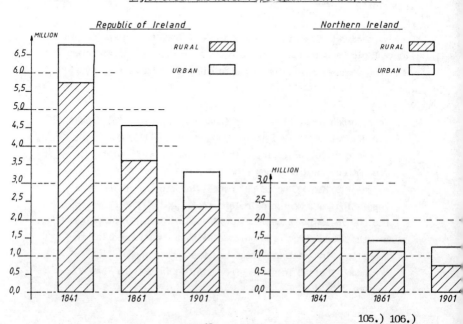

Fig. 3: Urban and Rural Population 1841, 1861, 1901

48

Daran konnte auch die Tatsache nichts ändern, daß es auch in Südirland einige Industrien, wie zum Beispiel die Glasindustrie in Waterford, wo das berühmte Kristall herstammt, gab. Armaghs Leinenwebereien hatten schon damals Weltruf. Auch die Woll-, Baumwoll- und Seidenindustrie dürfen nicht vergessen werden. Einer von Dublins wichtigsten Wirtschaftsfaktoren war und ist natürlich die Guinnessbrauerei.

> "Als der 34 jährige Arthur Guinness 1759 südlich des Liffey seine Brauerei eröffnete, hatte er das Gelände auf 9000 Jahre für jährlich 45 Pfund gepachtet. Um diese Vereinbarung werden sich in Dublin wie bei Guinness in den kommenden 8774 Jahren noch viele Gespräche drehen. Die seit eh und je größte Brauerei Europas bedeckt mit ihren 25 Hektar einen ansehnlichen Teil des Stadtzentrums. Über 2000 Dubliner produzieren hier täglich 1,1 Millionen Liter Bier, die in 70 Länder abgesetzt werden."107.)

Diese Entwicklung ließ die Auswanderung natürlich wieder aufleben. Der vorübergehende Rückgang während der Zeit um 1800 gehörte der Vergangenheit hat. Gingen bisher die meisten Emigranten nach Europa, so änderte sich die nun völlig. An erster Stelle standen jetzt die Länder in der Neuen Welt.108.)

> "(...), in the nineteenth century the vast bulk of Irish emigration was destined for North America with Australia and New Zealand figuring prominently especially during the period 1850-1890."109.)

Die Tatsache, daß England als Auswanderungsziel (Militärdienst, Industrielle Revolution) an Bedeutung verlor, ist durch das Verhalten der Engländer während der irischen Katastrophe zu erklären. O'Connell hatte seine Landsleute aufgerufen, keine Gewalt anzuwenden. So kam es, daß der britischen Macht, die Irland solange ausbeutete wie es ging, kein Widerstand entgegengebracht wurde. In der Literatur gibt es über diese Zeit, je nach Standpunkt, unterschiedliche Auffassungen. Manche behaupten, daß die Engländer die Iren hätten einfach verhungern lassen, andere sehen die englische Situation so, daß das Land wegen seiner eigenen wirtschaftlichen Probleme nicht helfen konnte. Bewiesen ist auf jeden Fall, daß noch vor der großen Katastrophe eine Lon-

doner Studienkomission festgestellt hat, daß die Iren das am schlech-
testen ernährte, gekleidete und behauste Volk Europas waren.[110.]
An einem konkreten Beispiel möchte ich das irische Elend der damaligen
Zeit greifbarer machen. Dazu werde ich eine Textpassage aus James
Plunketts Werk "Strumpet City", welches von Annemarie Böll ins Deutsche unter dem Titel "Manche, sagt man, sind verdammt" übertragen
wurde, zitieren.

" Als ich ein Kind war', sagte Miss Gilchrist, erlebte ich
die Hungersnot. Sie aßen das Gras aus den Gräben und die
Blätter von den Bäumen, und einmal, als ich als kleines
Mädchen einen Weg entlangging, sah ich Tote, die den grünen
Saft noch auf den Lippen hatten. Das ist meine Kindheitser-
innerung. Das und der Gestank der Kartoffelpest.'.[111.]

Die Iren wirkten der Auswanderungsentwicklung nicht entschieden genug
entgegen. Erst 1848 erhob sich die Gruppe "Junges Irland" und versuchte gegen die Engländer aufzubegehren. Der Aufstand wurde niedergeschlagen und die Iren fanden sich mit der Auswanderung ab. Seit 1831
bestand auf der Insel eine kostenlose Grundschulausbildung. Der Unterricht wurde in Englisch erteilt, und die Erwachsenen ermutigten ihre
Kinder, Englisch zu lernen, um sich in der neuen Heimat besser zu-
rechtfinden zu können.
Ungeheure Ströme von Iren zogen daher in die englischsprachigen Länder, um dort neu anzufangen. Die USA und Kanada waren in der zweiten
Hälfte des 19. Jahrhunderts ohne Zweifel die bevorzugten Ziele der
irischen Emigranten. Für viele bedeutete die Emigration den Tod, denn
die unzulänglich hergerichteten Schiffe (schwimmende Särge) waren
alles andere als sicher. Seit jener Zeit fehlt es den Iren an Vertrau-
en in den eigenen Staat und seine Wirtschaft. Die Menschen resignieren
in Irland schnell und gehen weg. Diese Auswanderer sind meist Iren mit
Leib und Seele, die alles für ihr Vaterland tun würden, nur eines
nicht, in ihm leben. Die wohl berühmteste irische Auswandererfamilie,
die Kennedys verließen Irland kurz nach der Hungersnot. Sie lebten in
der Grafschaft Wexford auf einem kleinen Hof, in der Nähe von New
Ross.[112.]
Die amerikanischen Iren hatten großen Einfluß auf ihre alte Heimat.
Geheimorganisationen wie die "Irish Republican Brotherhood" berei-
teten Aufstände vor. Eine von ihnen durchgeführte Erhebung im Jahre

1867 schlug jedoch fehl.

Es wäre möglich, unzählige Beweise irischer Tätigkeiten im Ausland anzuführen. Ich möchte an dieser Stelle aber nur auf das Beispiel Kanada eingehen, denn auch hier zeigen sich die ungeheuren Dimensionen der Bevölkerungsströme von der grünen Insel. Allgemein ist zu dem typischen irischen Auswanderer jener Zeit folgendes zu sagen:

"(...) the typical nineteenth century Irish emigrant came from a rural background and if from the Republic of Ireland was just as likely to be female as male, whose destination was an urban area in North America, thus combining a drastic change of environment with a change of culture and country."

113.)

Für Kanada sah dies wie folgt aus:

"The Irish were among the first settlers in Canada. Presently there are approximately between 2 and 2 1/4 million people with some Irish background living in Canada (...). The largest Irish population centres are the Maritimes, Quebec (Montreal), Ontario (Toronto) and British Columbia. To our knowledge for instance, there are about 6 different Irish organizations in the Maritimes and 26 in Ontario, ranging from academic to cultural and sport."[114.)]

Die irischstämmige Bevölkerung ist sehr auf Traditionen bedacht und versucht das zu bleiben, was sie immer war, Iren mit Leib und Seele.

"Irish societies have been established in most cities from Corner Brook to Vancouver."[115.)]

Um die Tragweite der großen Hungerkatastrophe zu verdeutlichen, auf die ja die Auswanderung nach Übersee in erster Linie zurückzuführen ist, führe ich zwei Statistiken an, auf denen deutlich zu erkennen ist, welch ungeheures Menschenpotential der Irischen Insel in jenen Jahren verloren ging. Einen solchen Verlust kann kein Land von der Größe Irlands ohne Schwierigkeiten und Nachwirkungen überwinden.

Table 2: Number of Overseas Emigrants from Ireland (32 Counties) classified by Destination 1825 - 1900.

Period	Total No. of Overseas Emigrants	Destination			
		USA	Canada	Australia and N.Z.	Other Countries
1825-1830	111,394	49,029	61,557	8	-
1831-1840	395,491	N/A	N/A	N/A	N/A
1841-1850	1,179,360	022,675	329,321	22,825	4,539
1851-1860	1,216,265	969,880	118,110	101,541	6,726
1861-1870	818,582	690,845	40,079	82,917	4,741
1871-1880	542,703	449,549	25,783	61,946	5,425
1881-1890	734,475	626,604	44,505	55,476	7,890
1891-1900	460,917	427,301	10,648	11,448	11,520
1825-1900	5,459,177	4,056,683*	630,011*	336,161*	40,841*

* Excluding 1831-1840 period

Table 3: Population of Ireland and Geographical Distribution of Irish Born Persons 1841 - 1901.

	1841	1851	1861	1871	1881	1891	1901
	Thousands						
Population of Ireland	8,175	6,552	5,799	5,412	5,175	4,705	4,459
of which Irish born	8,141	6,502	5,721	5,307	5,062	4,581	4,327
Irish born persons living in:							
USA	*	962	1,611	1,856	1,855	1,872	1,615
Canada	122	227	286	223	196	149	102
Australia	*	*	*	*	213	227	184
England and Wales	289	520	602	567	562	459	427
Scotland	126	207	204	208	219	195	205
Total for countries above	*	*	*	*	3,035	2,901	2,533

* Not available

Fig. 2: "Overseas" Emigrants by Destination

116.) 117.) 118.)

An dieser Stelle möchte ich darauf hinweisen, daß ich unter dem Begriff Auswanderung alle Bevölkerungsbewegungen zusammenfasse, bei denen Menschen Irland verlassen haben und verlassen. Ich differenziere nicht begrifflich in Gruppen-, Einzel-, Nomadenwanderungen, Wanderungen aus religiösen Gründen usw., weil ich der Ansicht bin, daß dies dem Herausstellen der eigentlichen Problematik nicht dienlich ist. Erst die Vielzahl der unterschiedlichen Auswanderungsgründe beweist meiner Meinung nach den besonderen Stellenwert für Irland.

Zum Ende dieses Kapitels möchte ich noch einmal die Literatur, genauer gesagt, einen der unzähligen irischen Schriftsteller als Quelle bemühen. Zuvor muß aber ein Begriff geklärt werden. "American Wake" ist eine Form des Trauerns, die existiert, seitdem so viele Iren ihre Heimat in Richtung Nordamerika verlassen. Bei einer gehörigen Menge Alkohol leisten die Freunde und die Familie dem Abschiednehmenden in seiner letzten Nacht auf Heimatboden Gesellschaft. Der Trinkspruch, der bei diesem Anlaß oft zu hören ist, lautet: "Death in Ireland!" Wem schon nicht vergönnt ist, in der Heimat zu leben, der soll doch wenigstens das Recht haben, dort zu sterben. Das ist es, was alle Anwesenden dem Emigranten wünschen. Natürlich finden Abschiedsfeste dieser Art, die ich persönlich auch miterlebt habe, nicht nur statt, wenn das Ziel Amerika heißt. Padraic Colum, der irische Autor, der 1881 geboren und 1973 verstorben ist, hat in seiner Geschichte Grania's Farewell auf beeindruckende Weise ein solches Abschiednehmen verstanden auszudrücken.

Grania's Farewell

A girl whom I knew came into the shop I frequented. Her greeting was constrained and she stood silent and apart, with a shawl across her head. I came over and spoke to her in Irish: "When will there be a dance in your village?" I asked. "There's a dance 5 tonight," she said, "if you would care to come." "Is it at the Stones?" "No, it's at our house. It's the night of my own wake." She did not use the word in its generally accepted sense. In some of the Irish-speaking districts the word "wake" has come to signify the last gathering around the boy or girl who is leaving the village for Boston or New York. Grania was in the shop to buy provisions for her American wake. I 10 thought of Grania as typical of the robust and high-spirited youth who go away and are lost to the country, or return to Ireland for a while, changed and dissatisfied. She bade good-bye to those in the shop and gave me the word to come with her.

Our path was between walls of loose stones that went across the country strewn with boulders. The full moon was gone and the new moon had not made its appearance. The 15 houses were scattered through miles of uneven territory, and no roof was visible from the door of another house.

We met Grania's mother before we came to the house. She was silent and smiled as though speech had been frightened from her. The father greeted me at the door and brought me to the circle that was round the fire. He was a stolid and silent man. Another old man at the fire spoke eloquently and passionately in Irish. "Every man has his 20 rearing, except the poor Irishman. This is the way with him. When his children grow up, they scatter from him like the little birds."

Grania had taken off her shawl and was busy in the household duties. There was some intensity in her manner, but she made herself pleasant and capable. People were speaking of a dance, but a stranger would wonder whether there was room for a dance 25 between the dresser and the fire on the hearth, between the table and the meal bins. Grania drew out the partners for the girls, arranged the dance, and induced a quiet man to play on the flute. The figures in the dance were complicated, but even the swinging of the partners was accomplished with safety.

After some rounds of dancing, songs were given. English words were most in the 30 fashion. Some of the songs were in the Irish tradition, some had been brought home by the workers in Scotland or England, and some had come from America. The night wore on with dance and song, with challenge and repartee. Grania left us and stayed in the upper room for a while. When she returned she was in wild spirits and set about forming another dance. The orchestra was changed for this. She brought down a fiddle 35 and a young man undertook to play. Only the wildest spirits were in this last dance that was on the skirts of the creeping day.

Before the dance ended Grania's brother went from us, and we saw him take the harness down from the wall. It was an action as significant as anything in drama. The dance went on, but we heard the stamp of the awakened horses and the rattle of the 40 harness as the conveyance was made ready for the journey. The dance fluttered out. Through the little window the trees became visible, then we saw colour, the green of the grass and the green of the leaves. Grania left the revellers and went into the room where her mother was busy. All of us who were in the kitchen went outside, so that those who were parting would have the place to themselves. 45

In the morning world the corncrakes were crying through the meadows. They were quiet in the house now, and the chill of dawn made me wish for the overcoat I had left within. I went inside. After the vivid life I felt the emptiness of the kitchen; the fire had burnt to ashes and the broad light through the window was on the flame of the lamp. As I was going out, Grania came down, dressed for the journey. The poor girl 50 was changed. She was dazed with grief.

She sat on the cart that went down the stony road, and the remnant of the company followed. Farther on they would meet more carts with other emigrants, boys and girls. The cart jogged itself on to the main road; as yet there was only a single figure on the way, a man driving a cow to some far-off fair. We bade good-bye to Grania and sep- 55 arated. On my way back I passed her house; it was soundless and closed in as if the house had not yet wakened into life.

Padraic Colum

119.)

6. Die Teilung

6.1. Die Jahre nach der Katastrophe

Nachdem sich die Lage in Irland beruhigt hatte, geriet die Insel aus englischer Sicht wieder in Vergessenheit, da andere internationale Ereignisse bedeutender waren. Erst Isaac Butt und sein Nachfolger Charles Stewart Parnell brachten Irlands Sache wieder ins Bewußtsein der Außenwelt. Sie hatten im englischen Parlament eine geschlossene Gruppe irischer Abgeordneter hinter sich und konnten nun, da geeint, eine ganze Menge erreichen. Dies geschah durch geschicktes Taktieren, wie durch die Hilfe aus Übersee und die Unterstützung der von Michael Davitt gegründeten "Land-Liga" (1879), die sich um die Rechte der Pachtbauern kümmerte. Der Wunsch nach Selbstverwaltung (home rule) wurde mit Hilfe der englischen Liberalen in die Diskussion eingebracht. Auch dieses Mal standen friedliche und parlamentarische Mittel als ausschließliche Waffen der Iren bereit.[120.])

Ein Fall aus jener Zeit hat Weltruhm erlangt. In der Grafschaft Mayo, zwischen Ballinrobe und Cong, lebte ein besonders hartherziger Verwalter. 1879 kündigte er einigen seiner Pächter. Von nun an fand sich niemand mehr bereit, für ihn zu arbeiten. Aus diesem Grund ließ er zur Erntezeit 50 Freiwillige aus dem Norden kommen. Diese wurden von 2000 Mann Militär begleitet. Der Verwalter und seine Familie erhielten ebenfalls bewaffneten Schutz, obwohl dies eigentlich nicht notwendig gewesen wäre, da alles friedlich ablaufen sollte. Niemand der Einheimischen half, keiner bot Nahrung oder Unterkunft. Alles mußte der Verwalter selber bezahlen. So kam es, daß ihn die Aktion mehr als das Zehnfache des Ernteertrages kostete. Daraufhin verließ er mit seiner Familie Irland und kehrte nach England zurück. Der Name des Verwalters war: Boycott.[121.]) Dieser Name ist bis heute der Inbegriff gewaltlosen Widerstands geblieben.

Die irische Sache erhielt Aufschwung, doch Extremisten und kleinbürgerliche Denkweisen standen im Weg. 1882 wurde der neu ernannte Chief Secretary für Irland, Lord Frederick Cavendish von Fanatikern im Dubliner Phoenix Park erschossen. Dies war völlig unnötig, da die Politik von Englands Premier Gladstone und auch die Gründung der "Home-Rule-Lige" 1873 wirlich hoffen ließen.

Vor allem Charles Stewart Parnell, der wie schon in den vergangenen Jahrhunderten Wolfe Tone oder Swift ein Mann der Ascendancy, also ein Protestant war, und sich für die Katholiken einsetzte, gab den Iren Hoffnung. Parnell hätte das Volk damals in die Unabhängigkeit führen können, doch scheiterte er 1890, als die Öffentlichkeit anläßlich einer Scheidungsaffäre erfuhr, daß eine Mrs. O'Shea seit Jahren seine Geliebte war.[122.) So etwas war im prüden, katholischen Irland jener Zeit untragbar und würde vielleicht auch heute zu ähnlichen Folgen führen.

Charles Stewart Parnell
(O'Connell Street, Dublin)

Trotzdem kam es einige Jahre später, 1916, zu einem Aufstand, der Irland bis auf den heutigen Tag entscheidend verändert hat, zum Osteraufstand.

6.2. Der Nordirlandkonflikt

Wie dargestellt, begann der Nordirlandkonflikt nicht erst mit der Teilung der Insel in diesem Jahrhundert. Das Jahr 1916 erscheint mir aber auf Grund seiner Bedeutung für das heutige Irland sehr geeignet, die Problematik der Teilung aufzuzeigen.
Mehrfach habe ich das Stichwort "Plantation" verwendet. Ganze Bevölkerungsteile wurden von den Engländern in Irland gegen Bevölkerungsgruppen ausgetauscht, die besser in ihr Konzept paßten. Resultat dieser Politik ist heute das Problem der "Doppelten Minderheit", das nichts von seiner Brisanz verloren hat. Bezogen auf die ganze Insel gibt es weit mehr Katholiken als Protestanten. In Nordirland hingegen macht die Summe aus Presbyterianern, Anglikanern und Methodisten rund eine Million, die der Katholiken ca. 500000 Menschen aus.

Es ist jedoch falsch, die Schwierigkeiten der Insel auf einen monokau-
salistisch-religiösen Ansatz zu reduzieren, auch wenn dies aus Bequem-
lichkeit oder Unwissen häufig gemacht wird. Ich habe versucht zu
zeigen, daß die Religion seit Heinrich VIII. nur als politisches und
wirtschaftliches Mittel zur Disziplinierung eingesetzt worden ist.
Den Engländern gelang es durch diese Taktik, in Nordirland das Entstehen der üblichen Klassengesellschaft zu verhindern. Eine Spaltung der
Bevölkerung gab es trotzdem. Diese war aber nicht horizontal sondern
vertikal. Kleinbürger, landbesitzender Adel, Arbeiter, Bauern, Angehörige der Industriebourgeoisie, alle diese Gruppen fanden sich im
Sammelbecken des Unionismus und später der unionistischen Partei auf
protestantischer Seite zusammen. Auf der anderen Seite standen die
Katholiken, die meist den "underdogs" zugerechnet werden mußten und
müssen.
Die Protestanten, die als Minderheit nach Irland kamen, fühlten sich
von je her bedroht. Besondere Abneigung entwickelten sie gegen das
Papstum und die Papisten sowie den Slogen "Home Rule", der im vergangenen Jahrhundert Bedeutung erlangt hatte, und unter dem ein unabhängiger irischer Staat gefordert wurde. "Home rule is Rome Rule", auf
diese Weise machten die Protestanten den katholischen Slogen zu ihrem
eigenen, um abzuschrecken.
Grund für die Polarisierung war, daß, nachdem eine Differenzierung auf
politischem und sozialem Gebiet durch die Religionszugehörigkeit erreicht wurde, das für die irische Geschichte typische Phänomen des
"Mit-einander-verschmelzens" der alten Bevölkerung mit den neuen Siedlern unmöglich wurde. Die Protestanten blieben isoliert, schotteten
sich ab und fühlten sich bedrängt. Daher war es das Ziel der meisten
Protestanten, ihrerseits die Katholiken zu unterdrücken. Instrument
dieser Politik war der Penal Code bzw. die Penal Laws, die sich unter
anderem auf die Bereiche Religionsausübung sowie politischer und wirtschaftlicher Einfluß bezogen. Das gesamte Leben, Wirken und Tun der
Katholiken wurde eingeschränkt, reglementiert und kontrolliert. Die
Protestanten hielten die strukturelle aber auch die direkte Gewalt für
notwendig, um die Katholiken daran zu hindern, den (Nord-)irischen
Staat mit all seinen Beziehungen zur Nachbarinsel zu zerstören. Viele
Katholiken verließen das Land, um so der protestantischen Unterdrük-
kung zu entkommen. Nachdem England mit Irland 1801 vereint worden war,
nahm Nordirland am industriellen Aufschwung Englands teil. Südirland
war weiterhin von der Landwirtschaft abhängig und ein billiger Ar-

beitskräftelieferant für die englische und nordirische Industrie. Als die südirische Landwirtschaft immer mehr Viehzucht betrieb, setzte dies noch mehr Arbeitskräfte frei.

Durch die industriell gestärkte Position des Nordens kam dieser recht unbehelligt durch die Hungerkatastrophe. Diese Tatsache vergrößerte die Kluft zwischen Norden und Süden bzw. zwischen den Protestanten und den Katholiken noch mehr. Die Folge war ein Nord-Süd- in Ulster ein Ost-Westgefälle. Leinen- und Textielindustrie brachten Ulster den Aufschwung. Der Hunger trieb die Südiren nach Belfast und in die übrigen Städte. Dies trug wiederum zum Aufschwung im Maschinenbaugewerbe und im Schiffsbau bei.

Der Aufschwung zog die oft kritisierte Ghettobildung nach sich, denn die Katholiken wurden dazu angehalten, sich außerhalb der Städte anzusiedeln. Sie hatten den schlechteren Arbeitsplatz, die schlechteren Wohnungen, weniger Geld und den geringeren sozialen Status. Obwohl dies alles deutlich war, sahen die Protestanten in der unterschiedlichen wirtschaftlichen Entwicklung der beiden irischen Gebiete, nur ihre Vorurteile gegenüber den Katholiken bestätigt. Sie selber sahen sich als engagiert und voller Initiative. Die Katholiken hingegen waren faul, träge, gemütlich und unfähig. Diese Vorurteile und vor allem das Sendungsbewußtsein der nordirischen Protestanten haben sich bisheute nicht geändert. Man denke nur an die Reden Ian Paisley's. Phrasen wie "For God and for Ulster" oder "Doing the Lord's work" sind an der Tagesordnung.

Aber nicht nur Katholiken verließen Nordirland. Auch viele protestantische Männer machten sich in die Fremde auf, weil in den Textilmühlen meist Frauen als Arbeitskräfte benötigt wurden. So ist auch die große Zahl unverheirateter Frauen in Nordirland zu erklären, die es in der Mitte des letzten Jahrhunderts gab.

Die Situation in Irland glich mehr und mehr einem Pulverfaß. 1916, am Ostermontag explodierte es, als sich rund 1000 Angehörige der "Irish Volunteers" und der "Citizen Army" unter Pearse, Connolly und den anderen Führern erhoben und eine Woche lang den Engländern standhielten. Zentrum des Aufstandes war das General Post Office in Dublin, wo auch heute noch Einschußlöcher, Gedenkplatten und eine Statue an jene Männer und ihre Ideen erinnern. Der eigentliche Aufstand, der 450 Tote und 3000 Verwundete kostete, fand bei der Bevölkerung wenig Resonanz. Als die Anführer aber von den Engländern hingerichtet wurden, schwenk-

te das Volk um, denn jetzt waren die Exekutierten Märtyrer der irischen Sache. Die Aufständischen versuchten damals den Satz "England's
difficulty is Ireland's opportunity" in die Realität umzusetzen, indem
sie die Zeit des ersten Weltkrieges für ihr Vorhaben wählten. Auch im
zweiten Weltkrieg wurden Überlegungen angestellt, ob sich Irland nicht
auf die deutsche Seite schlagen sollte. Die Iren sollen sogar anläßlich Hitlers Tod dem Deutschen Reich kondoliert haben. Selbst deutsche
Bombenabwürfe auf Dublin wurden nicht übelgenommen, da die Iren sie
als Unfälle und Fehler interpretierten und nicht als böse Absicht.

General Post
Office (O'Connell
Street, Dublin)

Obwohl der Aufstand fehlschlug, sollte er für die weitere irische
Geschichte von enormer Bedeutung sein. Wie sehr damals die Stimmung
emotional aufgeputscht war und auch heute noch ist, möchte ich durch
zwei Belege dokumentieren, die aus der damaligen Zeit stammen, aber
auch jetzt noch ihren Stellenwert besitzen.
Eines der Gedichte von Padraic Pearse, der einer der Hingerichteten
war, "The Mother", wird auch heute in den irischen Schulen besprochen.
Pearse erzählt dieses Gedicht aus der Sicht seiner Mutter. Der Autor,
der mit Stolz zitiert wird, soll die Zeilen im Gefängnis geschrieben
haben.

Das zweite Textbeispiel ist der Anfang des bekannten Traditionals
"James Connolly". Hier wird der Tod des Gewerkschaftsführers geschil-
dert, der von einem englischen Soldaten anläßlich der Osterunruhen
hingerichtet worden ist. Aus der Sicht eben dieses Soldaten erzählt

das Lied. Z.B. die irische Folkgruppe "The Wolfe Tones" (in Anlehnung an die historische Figur) trägt das dramatische und sehr zu Herzen gehende Lied in den Dubliner Pubs zur Begeisterung der Besucher auch heute noch vor. Ich konnte mich bei der Zitation auf keine Textvorlage stützen.

"The Mother

I do not grudge them: Lord, I do not grudge
My two strong sons that I have seen go out
To break their strength and die, they and a few,
In bloody protest for a glorious thing,
They shall be spoken of among their people,
The generations shall remeber them,
And call them blessed;
But I will speak their names to my own heart
In the long nights;
The little names that were familiar once
Round my dead hearth.
Lord, thou art hard on mothers:
We suffer in their coming and their going;
And tho' I grudge them not, I weary, weary
Of the long sorrow-And yet I have my joy:
My sons were faithful, and they fought."[123.])

"James Connolly

The man was all shot through, that came today into the barrack's square. And a soldier I, I am not proud to say that we killed him there. They brought him from the prison hospital and to see him in that chair I swear his smile would, would far more quickly call a man to prayer. Maybe, maybe I don't understand this thing that makes these rebels die; yet all men love freedom and a spring clear in the sky. I wouldn't do this deed again for all that I hold by, as I gaze down my rifle at his breast but then, then a soldier I... They say he was different, kindly too apart from all the rest, a lover of the poor, his wounds ill dressed. He faced us like a man, who knew greater pain than blows or bullets e'er the world began. Died he in vain? Ready, present! And him just smiling. Christ I felt my rifle shake,

his wounds all open and around his chair a pool of blood. I
swear his lips said 'fire' before my rifle shot that cursed
lead and I, I was picked to kill a man like that, James
Connolly...."[124.])

Vielfach wird die nordirische Problematik in den letzten Jahrzehnten
zu einseitig von irischer Seite gesehen. Tatsache ist jedoch, daß auch
für die Engländer und nicht nur für die nordirischen Protestanten eine
Loslösung Irlands vom Empire nicht in Frage kam. Die Engländer hatten
gute Gründe, Irland zu halten, denn die Nachbarinsel war z.B. Versor-
gungsquelle in puncto landwirtschaftlicher Erzeugnisse, Absatzmarkt,
auf den die englischen Erzeuger ihrerseits ohne Schwierigkeiten expor-
tieren konnten, Lieferant von günstigen Billigarbeitskräften sowie ein
Stück Land von enormer militärisch-strategischer Bedeutung, und das
nicht nur zur Zeit der Tudors sondern z.B. auch während des U-Boot-
krieges gegen Deutschland.
Viele Engländer vermuteten, daß eine Loslösung Irlands den Beginn des
Zerfalles und Unterganges des Empires zur Folge gehabt hätte. Überlegungen dieser Art stammten in erster Linie von konservativen Politikern. Die liberalen Regierungen unter Gladstone, Lloyed George und
Asquith dachten nicht so extrem. 1920 kam es zum "Government of Ireland Act", der 1921 die Gründung eines Parlaments für die sechs nord-
östlichen Grafschaften Antrim, Armagh, Derry, Down, Fermanagh und
Tyrone zur Folge hatte. 1921 erhielt Irland den Rang eines Freistaates, der Mitglied mit Dominionstatus im Commonwealth war, zugespro-
chen. Den Freistaatlern, den gemäßigten Republikanern war dies erst
einmal genug, den nationalistischen Republikanern zu wenig. So kam es
1923 zum Bürgerkrieg, der mit der Niederlage der Vertragsgegner unter
Führung von De Valera endete.
Diesmal waren es also nicht die Engländer, die es zu besiegen galt und
deren Institutionen auf irischem Boden außer Funktion gesetzt werden
sollten, sondern Landsleute, die sich bekriegten.
Während des Bürgerkrieges flüchteten tausende katholische Iren in den
im Süden der Insel entstehenden Freistaat.[125.])
Der Bürgerkrieg, bzw. die beiden Gruppen, die sich in ihm gegenüber-
standen, haben bis heute die politische Landschaft Irlands entscheidend geprägt. Kritiker des Parteiensystems werfen den Politikern, in
erster Linie der Fine Gael- und der Fianna Fail Partei bis heute vor,
daß ihre politischen Unterschiede nur auf ihren Ursprung, eben auf die

Frage einer Vertragsbefürwortung bzw. -ablehnung beschränkt bleiben. Der Bruderkrieg ist auf jeden Fall auch heute noch in der Erinnerung des Volkes lebendig. In Dublin erinnert der "Garden of Rememberence" an jene Zeit.

> "Die Erinnerung an den Bruderkrieg, der dieser Garten in Dublin geweiht ist, bestimmte noch für Jahrzehnte das politische Geschehen. Nach der Sage verwandelten sich die Seelen toter Kinder in Schwäne. In Wirklichkeit wurden aus Bürgerkriegsgegnern einander bekämpfende Parteien."[126.])

Den Engländern gelang es durch die Spaltung Irlands, ihr Gesicht vor der Weltöffentlichkeit zu wahren und Irland trotzdem als militärischen und wirtschaftlichen Faktor nicht aus ihren Überlegungen streichen zu müssen. "Devide et impera", so lautete das englische Motto, welches die Entwicklung Irlands bis heute erschwert.

> The Republic has very strong commercial links with the United Kingdom which buys more than half her exports and supplies more than half her imports."[127.])

In den Jahren bis 1968 handelte es sich in Nordirland mehr um einen latenten Konflikt, in dem die katholische Minderheit diskriminiert und benachteiligt wurde. So ist es auch nicht verwunderlich, daß die katholische Bevölkerung trotz einer höheren Geburtenrate zahlenmäßig im Vergleich zu den Protestanten zurückging. Die Katholiken verließen das Land. Vielfach wurde der Auswanderungsweg in drei Etappen zurückgelegt. Vom Land gingen die Menschen in die irischen Städte, vor allem nach Nordirland in die Industriezentren. Blieb dort der Erfolg aus, suchten die Auswanderungswilligen Arbeit in England. In Liverpool waren schon um die Jahrhundertwende ganze Stadtteile irisch. Auch Glasgow ist ein typisches Ziel von irischen Auswanderern gewesen. Noch heute ist dies bei Spielen der beiden großen Fußballvereine Celtic Glasgow und Glasgow Rangers zu erkennen, denn die Fans bekämpfen sich wegen ihrer Religionszugehörigkeit oft bis aufs Blut. Als schließlich in Nordirland und auf der Nachbarinsel die wirtschaftliche Lage schlechter und das Verhältnis zu England noch gespannter wurde (famine), richteten sich die Interessen nach Übersee, vor allem auf die USA.

Die wirtschaftliche Schwäche Irlands war daran schuld, daß der latente Konflikt wieder akut wurde. Die nordirische Regierung suchte Annäherung an die Republik, weil es die wirtschaftliche Lage erforderte. Die Katholiken sahen nun eine konkrete Chance, die Protestanten befürchteten das Schlimmste. Sie hatten gesehen, wie sich die Republik über die Jahrzehnte immer weiter von England entfernt hatte und schließlich völlig unabhängig wurde. Auch die Angst vor dem Verlust ihrer wirtschaftlichen und politischen Vorteile bestimmte das Handeln der Protestanten. In den sechziger Jahren, in einer Zeit der weltweiten Unruhe und des Aufbruchs, brach der Konflikt aus, der bis heute mehr als 2500 Tote und über 20000 Verletzte gefordert hat. England griff ein, sandte Militär und entzog dem Stornemont, dem nordirischen Parlament seine Selbstverwaltung. Nun ist ein Nordirlandminister mit der Situation betraut.

Wie schon zuvor möchte ich auch im Zusammenhang mit dem Nordirlandkonflikt, oder wie die Engländer sagen mit den "troubles", Textbeispiele bringen, um die theoretische Darstellung zu intensivieren.

"Lassen Sie sich nicht ermorden
Beachten Sie folgende Vorsichtsmaßregeln:
- Ehe Sie Ihre Tür öffnen, vergewissern Sie sich, wer draußen steht.
- Gehen Sie nicht immer zur selben Zeit denselben Weg.
- Sorgen Sie dafür, daß jemand Ihren ungefähren Zeitplan kennt.
- Gehen Sie abends nicht allein aus.
- Achten Sie auf verdächtige Wagen.
- Bleiben Sie möglichst nicht an Straßenecken und unter Straßenlaternen stehen.
Erhalten Sie Ihr Leben. Wachsamkeit ist der Preis des Lebens! Dieses Plakat haben die Sicherheitsorgane in allen Teilen Belfasts, der Hauptstadt Nordirlands, anschlagen lassen."128.)

"Ein Soldat war ganz verstört. 'Ich habe gesehen, wer die Bombe geworfen hat', sagte er. 'Ich hätte ihn niederknallen können. Wir hatten ja Befehl, Bombenwerfer unschädlich zu machen. Aber ich brachte es einfach nicht fertig. Es war ein kleiner Junge, nicht älter als acht Jahre.'"129.)

In diesem Kapitel habe ich weitgehend auf konkrete Zitate und Belege
sowie auf sinngemäße Literaturvergleiche verzichtet. In meiner Litera-
turliste sind aber die Quellen zu finden, aus denen ich im Wesent-
lichen meine Informationen bezogen habe.

7. Die Zeit nach 1945

Auch wenn im letzten Kapitel bereits einige wichtige Fakten des 20.
Jahrhunderts Beachtung fanden, fasse ich nochmals zusammen.
1919 konstituierten die Mitglieder der Sinn Fein Partei am 21. Januar
in Dublin das nationale Parlament (Dail) und bestätigten die 1916 aus-
gerufene Republik.

Regierungsgebäude
in Dublin

Es kam zum Unabhängigkeitskrieg. 1920 wurde der "Government of Ireland
Act", der Irland schließlich in zwei Staaten teilen sollte, vom
britischen Parlament verabschiedet. Vertragsbefürworter und -gegner
lieferten sich, nachdem die Teilung vollzogen war, einen Bürgerkrieg,
bei dem sich schließlich die Vertragsbefürworter durchsetzten.
1925 erkannte die irische Regierung die Grenze zwischen Nord und Süd
an. Eamon de Valera war als Präsident des 1919-Parlamentes gegen das
Abkommen gewesen. Als er sah, daß er aber mit militärischen Aktionen
nichts erreichte, gründete er die Fianna Fail Partei und bestimmte auf
legalem politischem Weg über Jahrzehnte hinweg entscheidend die irische Politik. So hielt er in den frühen dreißiger Jahren irische

Grundsteuern ein, was England veranlaßte, gegen die Nachbarinsel einen Wirtschaftskrieg zu beginnen. 1937 erhielt Irland eine neue Verfassung die es zu einem unabhängigen, demokratischen und souveränen Staat machte. 1938 beendete England den Wirtschaftskrieg und räumte in Irland seine militärischen Stützpunkte. 1948 wurde der Irische Staat in Republic of Ireland umbenannt. Der seit 1936 bestehende "External Relations Act" wurde aufgehoben, was mit dem Austritt der Republik aus dem Commonwealth verbunden war.

Ein anderes wichtiges Jahr war 1972, als sich die irische Bevölkerung mit einer Mehrheit von 83 % für den Beitritt zur Europäischen Gemeinschaft entschied.[130.)]

Innenpolitisch geschah natürlich in den Jahren zwischen der völligen Unabhängigkeit und dem EG-Beitritt sehr viel. Irland brauchte alles, bebaubares Land, Arbeitsplätze, Kapital und Energie. Die Südiren mußten einsehen, daß es nicht ausreichte, den britischen Generalgouverneur durch einen Staatspräsidenten zu ersetzen. Die wirtschaftlichen, sich seit Jahrhunderten aufstauenden Probleme konnten alleine dadurch nicht gelöst werden. Die von extrem konservativen und katholischen Moralgesetzen bestimmte Verfassung hatte nicht nur positive Auswirkungen auf die Wirtschaft. Nach dem Krieg waren es zuerst einmal Gelder aus dem für den Wiederaufbau Europas bestimmten Marshall-Plan, die Irland, obwohl selber gar nicht in die eigentlichen kriegerischen Auseinandersetzungen einbezogen, wirtschaftlich auf die Beine helfen sollten.

Es wurde damit begonnen, Industrien ins Land zu holen. Als 1923 das große Kraftwerk am Shannon, mit deutschen Turbinen angetrieben, errichtet wurde, waren die Industrieprojekte, die es später einmal mit Energie versorgen sollte, teilweise noch nicht einmal geplant.[131.)]

Die Folgen dieses wirtschaftspolitischen Programms wirkten sich auch auf die Migration in Irland aus. Bis in die fünfziger Jahre nahm die Bevölkerung Irlands beständig ab. Auf fünf Neugeborene kamen 4 Auswanderer. Dies änderte sich erst, als die Regierung wirklich mit ihrem Industriealisierungsprogramm Ernst machte.

Der Staat mußte eingreifen; denn es waren längst nicht nur ungelernte Arbeitskräfte, die das Land verließen sondern eine ganze Reihe von Akademikern und Facharbeitern, die in Irland ausgebildet worden waren. A.E. Johann schreibt dazu sinngemäß: Der Irische Staat verliert jedes Jahr eine ungeheure Menge Kapital; denn die Investitionen, die in die Ausbildung junger Menschen fließen, gehen dem Land durch die Auswanderung für immer verloren. Schätzungen belaufen sich auf 50 Millionen Pfund, die der Staat so jedes Jahr einbüßt.[132.)]Die irischen Regierungen waren, nachdem die politische Unabhängigkeit erlangt war, zu eigenbrödlerisch vorgegangen. Wirtschaftliche Unabhängigkeit konnte sich Südirland nach dem Verlust der nordirischen Industrien nicht leisten. Dazu begingen die Führer des neuen Staates noch den Fehler, daß sie es ablehnten, ausländische Industrien, die sich in Irland ansiedeln wollten, Vergünstigungen zu gewähren. Gesetzlich wurde 1932 sogar festgelegt, daß sich Firmen in denen Ausländer mehr als die Hälfte des Kapitals oder mehr als ein Drittel des Stimmrechts besäßen, nicht niederlassen durften. Die Folge war, daß fast ausschließlich nur kleine Unternehmen entstanden, die für einen sehr begrenzten Markt produzierten. Irlands Außenhandel blieb lange Jahre völlig unterentwickelt. Erst 1958 wurden diese Gesetze geändert. Ausländische Firmen wurden nun sogar eingeladen, sich in Irland anzusiedeln.

Vor allem die Engländer, die Amerikaner und die Bundesdeutschen trugen zu einer Industrialisierung des Landes enorm bei. Dadurch stieg die Zahl der Industriebeschäftigten.[133)]

Im Nachstehenden werde ich Utz Ingo Küpper zitieren, der zusammengestellt hat, wie die irische Regierung in den fünfziger Jahren dafür sorgte, Investitionen in Irland lohnend erscheinen zu lassen.

"a) Von der Regierung werden in den "undeveloped areas" verlorene Zuschüsse bis zu zwei Dritteln der Kosten für den Bau der Fabrikgebäude und den Kauf neuer Maschinen gezahlt; der Zuschuß soll pro Betrieb nicht mehr als 250.000 Pfund betragen (diese Begrenzung wurde in Einzelfällen überschritten). In den übrigen Landesteilen sind ebenfalls Zuschüsse zu erhalten, die aber bis zu 50 % niedriger sind; außerdem muß ein Grund angegeben werden, warum der Betrieb nicht in den Undeveloped Areas errichtet werden kann (dies ist keine wirkungsvolle Auflage).

b) Es werden auch Zuschüsse zu den Kosten der Ausbildung der Arbeitskräfte, die auch im Ausland erfolgen kann, und zur Erschließung des Fabrikgeländes gezahlt.

c) Exportgewinne neuer Betriebe sind für 10 Jahre, im Sondergebiet des Shannon Industrial Estate bis 1983 steuerfrei. Außerdem bestehen Doppelbesteuerungsabkommen mit den wichtigsten Handelsländern. Gewinne sind frei transferierbar.

d) Bei andauernder struktureller Arbeitslosigkeit und Auswanderung besteht fast an allen Orten ein ausreichendes Angebot an ungelernten Arbeitskräften. Facharbeiter sind dagegen allgemein knapp, Arbeiterinnen fehlen in einigen Städten, in denen bereits eine relativ große Zahl von Arbeitsplätzen durch neue Industriebetriebe geschaffen wurde.

e) Baugrundstücke sind, außer in Dublin City, billig. In einigen Städten - in Dublin, Shannon, Waterford und neuerdings auch in Galway - können vorfabrizierte Fabrikgebäude gemietet werden. Die Mieten sind in einigen Fällen nicht einmal kostendeckend kalkuliert worden.

f) Die Behörden auf Landes- und Gemeindeebene sind an der Anwerbung neuer Industrien interessiert und zeigen deshalb große Aufgeschlossenheit gegenüber allen Problemen und Sonderwünschen der Unternehmer.

g) Großbritannien und Irland bilden seit 1966 eine Freihandelszone, außerdem genießen Exporte von Irland in Commonwealthländer Zollpräferenzen.[134.])

Die neue Wirtschaftspolitik hatte für Irland nicht nur positive Auswirkungen. Vielfach nutzten die fremden Firmen nur die Steuervorteile und setzten sich, nachdem der Gewinn eingefahren worden war, wieder ab. Trotzdem, so meine ich, hat der Irische Staat mit seinem Schwenk in der Wirtschaftspolitik den richtigen Weg eingeschlagen . Auf jeden Fall erhielten die Iren durch ihre Tätigkeit in ausländischen Firmen und Betrieben häufig bessere Berufsqualifikationen.

Trotz aller Bemühungen verließen sehr viele Menschen die Insel, weil sie keine Arbeit fanden. Die große Trendwende setzte erst im Jahr 1961 ein. Die statistischen Zahlen beweisen dies. Dadurch, daß die Beschäftigungszahlen in der Landwirtschaft zwar zurückgingen, die Industrie und der Dienstleistungsbereich aber mehr Arbeitskräfte brauchten, sank die Auswanderungsquote beachtlich.

Dies und der Versuch, Irland zu dezentralisieren sowie die Gaeltachtgebiete, meist im Westen gelegen, besonders zu fördern, trug zu zwei Phänomenen bei. Die Bevölkerung wuchs an. In den Jahren 1971 bis 1979 nahm die Bevölkerung im Durchschnitt sogar um 1,1 % zu und vergrößerte sich auf 3,4 Millionen Einwohner. Ich spreche hier von Südirland im Jahre 1979. Auswanderer kamen mit ihren Familien nach Irland zurück, um dort eunen neuen Start zu wagen.

Donal Garvey vom Central Statistics Office in Dublin berichtet:

"(...) it can be observed that about 40 per cent of both males and females in the 0-4, 5-9 and 10-14 age groups in 1946 were lost due to net migratory movements up to 1971. There were further losses of about 35, 25 and 15 per cent for both sexes in the 1946 age groups 15-19, 20-24 and 25-29, respectively. Out of total of 769,000 males and 745,000 females under 30 years of age in 1946, an estimated net 257,000 males and 243,000 females left Ireland due to net migratory movements up to 1971. The loss of so much youthful enthusiasm and vigour had a debilitating effect on the social development of many rural areas which were left with an ageing population."[135.])

"(...), Irish industrial policy was geared towards job creation by offering attractive grants combined with taxation concessions for the establishment of new industry; finally, in conjunction with the grant/taxation attractions and the relatively low labour costs, our accession to the EEC in 1973 established Ireland as a gateway to the large European market. All of these reasons led increasingly to the establishment of modern, high-technology industry in the country and many highly skilled jobs were advertised outside the country."[136.])

An dieser Stelle wird ein für Irland entscheidender Schritt angesprochen, der Beitritt zur Europäischen Gemeinschaft. Nicht vergessen werden darf in diesem Zusammenhang ein weiteres Datum, das Jahr 1965, als das britisch-irische Freihandelsabkommen unterzeichnet wurde, auf dessen Grundlage bis 1975 alle Zölle auf Einfuhren aus dem Vereinigten Königreich abgeschafft wurden.

Die Entwicklung scheint positiv zu sein. Trotzdem habe ich meine Bedenken. Leider stand mir kaum eindeutiges Material, die Gegenwart betreffend, zur Verfügung. Ich glaube aber zu in der momentanen iri-

schen Situation erneut negative Tendenzen feststellen zu können. U.a.
verursacht durch die allgemein schlechte Wirtschaftssituation der
westlichen Länder, scheinen die Auswanderungszahlen wieder gestiegen
zu sein. Auch Garvey schreibt, daß es Anzeichen einer Auswanderungszu-
nahme gibt. [137.])

Ich bin auf Grund eigener Beobachtungen in meinem Bekanntenkreis der
Ansicht, daß momentan eine große Zahl junger Menschen Irland verläßt.
Ob es sich hier allerdings um wirkliche Auswanderer oder einfach nur
um Menschen handelt, die einmal etwas Anderes sehen und erleben wollen, bleibt abzuwarten. Diese, wie es heißt "one year emigrants" sind
natürlich für den Irischen Staat keine einfach einkalkulierbare Größe.
Ein wenig erinnert mich diese Art der Auswanderung an die Saisonarbei-
ter, die in vergangenen Jahrzehnten für einige Monate das Land verließen, nach Großbritannien gingen und dort so viel Geld wie möglich
verdienten. Immer wieder bin ich während der letzten Jahre in den
großen irischen Zeitungen auf Artikel gestoßen, die sich mit der
Auswanderung befaßten. Im Anhang habe ich einige Artikel zusammenge-
stellt.Etwas ganz Besonderes ist mir am 7. Oktober 1984 in einer Messe
im Dubliner Stadtteil Churchtown aufgefallen. Dort wurde gemeinsam ein
Gebet für die irischen Auswanderer gesprochen.

"Prayer for Emigrants
O Jesus, you were once an exile in Egypt,
and your family experienced the pain and hardship
which is suffered by those who are obliged to live
as emigrants far away from home and their native land.
Watch over those members of our own people
who now seek their living in other countries.
Give them the security they desire,
and the work that gives dignity to their lives.
While integrating with those among whom they live,
may they be ever mindful of their Christian culture,
and loyal to the faith you have given them.
Help them to rear their families in goodness,
so that all men may see their good works
and praise their Father who is in heaven."

.

8. Fazit und Ausblick

Lange Zeit hatte ich von Irland das Bild, welches Heinrich Böll in seinem "Irischen Tagebuch" zeichnete. Schon nach meinem ersten Irlandbesuch hat sich dies geändert.wenige Wochen vor seinem Tod schrieb mir Heinrich Böll:

> "Das letzte Kapitel vom Irischen Tagebuch ist 1956 (!) geschrieben also vor fast 30 Jahren. Inzwischen hat sich in Irland viel, fast alles geändert-(...)"[138.)

Der von Böll angedeutete Änderungsprozeß ist selbst für mich, der das Land erst wenige Jahre kennt, greifbar. Gerade in Dublin, der Hauptstadt, die ich als Schwellenstadt, gemessen an europäischen Verhältnissen, bezeichnen möchte, ist dies gut zu erkennen. Industrien siedeln sich an, Einkaufszentren entstehen aus dem Nichts, und alte Traditionen, wie die morgens an der Tür stehende Milchflasche, sind längst nicht mehr selbstverständlich. Der "Spiegel" beschrieb im April 1986 in seinem Artikel "Aufbruch der Söhne" die momentane Situation und ihre möglichen Auswirkungen.

> "Die Insel der Armut und der Missionare exportiert nun auch Haute Couture und Computer. Eine neue Partei junger Aufsteiger fordert die Kirche und das Establishment heraus."[139.)

Irland ändert sich. Dies wird auch eine ganze Reihe negativer Folgen mit haben. Bald wird es nicht mehr heißen, daß sich Gäste in Irland mehr zu Hause fühlen können als daheim.[140.) Die Iren selbst versuchen, gerade im Ausland, ihr altes Image zu ändern.

> "Das 'Image' Irlands und der Iren -exzentrisch und unzeitgemäß, voller Spleen, nie ganz verläßlich, doch immer hilfsbereit in der Not, vertrauenswürdig und grenzenlos gastfreundlich zu sein- (...)"[141.)

Die Verantwortlichen wollen auch die eigene Bevölkerung aufrütteln, damit es nicht mehr heißt:

"'It could be worse' - es könnte schlimmer sein: Besucher der Grünen Insel hören diesen Satz mehrmals täglich. Er ist die Antwort auf schlechtes Wetter, wirtschaftliche Schwierigkeiten, politische Rückschläge, persönliches Pech. In diesem Satz spiegelt sich die Lebensphilosophie wider, die das kleine, den schönen Seiten des Daseins zugewandte Dreimillionenvolk aus seiner Geschichte gewonnen hat. Die Geschichte war voller Enttäuschungen."[142.)]

Market day in the streets of Killorglin, Co. Kerry.[143.)]

Nach Angaben des Spiegels haben momentan (1986) 17,5 % der Erwerbsfähigen in Irland keine Arbeit. Interessant ist es, das Ansehen der deutschen Arbeitslosen, denen immer noch ein Makel anhaftet und der irischen Arbeitslosen zu vergleichen. Auf der Insel gehört Arbeitslosigkeit wie das tägliche Brot zum Leben und ist voll akzeptiert. 20000 bis 40000 Iren wandern noch immer in jedem Jahr aus, und die, die in Irland bleiben, leben im ärmsten Staat der EG mit einer der höchsten Steuerbelastungen, so der "Spiegel". Der Irische Staat scheint in den letzten Jahren aber den richtigen Weg eingeschlagen zu haben. Nach der falschen Entscheidung, keine größeren ausländischen

Betriebe auf die Insel zu lassen, kam in den 50er Jahren die Kehrtwen-
dung und ausländische Betriebe erhielten bei ihrer Ansiedlung viele
Vorteile. Dies war natürlich kein Allheilmittel. Jetzt endlich werden
die Iren selber initiativ. Vor wenigen Jahren fand ich in Deutschland
kaum etwas über die grüne Insel in den Zeitungen und Magazinen. Dies
hat sich grundlegend geändert.

Irland betreibt Werbung. Der Tourismus besitzt in diesem Zusammenhang
einen ganz besonderen Stellenwert. Zwei Drittel des Gesamttourismus in
Irland macht die Zahl der Auslandtouristen aus. Interessant ist die
Tatsache, daß sich die Herkunft der Touristen in den letzten Jahren
geändert hat. Heute kommen viel mehr Nordamerikaner und Kontinentaleu-
ropäer auf die Insel als früher. Überhaupt hat das Geschäft mit dem
Tourismus stark zugenommen. Die Iren selber nehmen folgende Gründe an,
warum ihr Land eine immer weiter wachsende Popularität als Urlaubsziel
genießt:

> "Visitor expectations and experience of the country seem to
> focus on the scenery, the friendliness of the people and the
> unhurried atmosphere. Ireland's lifestyle and values are
> seen as providing relaxation and contrast to comercialised,
> crowded and polluted home environments."[144.)

Ein weiterer Grund ist natürlich die landschaftliche Schönheit der
Insel. Es fällt also auf, daß die Iren gerade mit dem werben, was sie
mit Sicherheit eines Tages durch den wirtschaftlichen Aufschwung ver-
lieren werden. Zu verstehen ist das momentane Vorgehen ohne Frage,
denn im Augenblick ist die Schaffung von Arbeitsplätzen wichtig. Der
Tourismus ist in dieser Hinsicht noch lange nicht ausgeschöpft.

Große, oft ganzseitige, farbige, mit viel Sachverstand und zielgrup-
penrelevantem Aufbau ausgestattete Anzeigen sind in den letzten Jahren
überall im Ausland, natürlich auch in Deutschland zu finden. Im Anhang
habe ich einige Anzeigen, die für Irland und seine Produkte werben,
zusammengestellt.

Auch in der Politik scheinen heute bedeutende Änderungen möglich. 1985
gründeten irische Politiker der jüngeren Generation die Partei "Pro-
gressive Democrats" (PD), die den Beinamen Partei der Yuppies trägt.
Yuppies, ein Begriff aus dem anglo-amerikanischen Soziologen-Jargon,
ist eine Abkürzung für "young urban professional people". Die Partei,

die die irische Politik beleben will, besitzt ein großes potentielles Wählerreservoir, welches in der Hauptsache aus Jungwählern (in Irland ist die Hälfte der Bevölkerung unter 25 Jahren alt) und aus Frauen (40 % der bis Februar 1986 eingeschriebenen 14000 Mitglieder sind Frauen) besteht.[145.])

Horse-Drawn Caravan at Blarney Castle, Co. Cork, Ireland.   Photo Joan Willis, John Hinde Studios

Tourismus in Irland[146.])

Wieso hat diese Entwicklung gerade jetzt eingesetzt? Peter Jankowsky vom Goethe Institut in Dublin gab mir einige interessante Hinweise. Außerdem hat er mir die Kopie eines Briefausschnittes zukommen lassen, den ein seit 10 Jahren in Norddeutschland lebender Ire verfaßt hat. Hier werden auf ungeheuer treffende Art und Weise Gefühle und Beweggründe eines irischen Auswanderers lebendig.

"I left Ireland because I could not longer stand the political stagnation (paralysis) the power of the church over all aspects of life, the lack of social progress, the insular mentality, the post-colonial vacuum which is so lacking in direction.(...) No one asks me (hier in Deutschland: der Verfasser) whether I go to church or not and in school

(Musikkonservatorium) this question does not arise. I left
the church some years ago in protest and I do not intend to
join it again. This very act would cost me my job in an
Irish school."[147.])

Dieser Mann sieht die irische Situation klar und versucht niemandem
etwas vorzumachen, wie es vielfach in Irland der Fall ist. Wenn die
wohlhabenden, erfolgreichen Verwandten aus Übersee zurück auf die
Insel kommen und ihre Familien besuchen, oder, wenn sie, teilweise,
indem sie es sich vom Mund absparen, Unterstützung finanzieller Art
nach Hause schicken, dann hinterfragen viele auswanderungswillige Iren
nicht, wie es wirklich in der Fremde ist. Auf der anderen Seite wollen
die, die Irland verlassen haben, oft nicht zugeben, wie schwer das
neue Leben ist. Da hilft auch nicht der Weg zu verborgenen Brunnen und
Quellen, die, trinkt man von ihnen, dafür sorgen sollen, daß den
Auswanderer kein Heimweh überkommt. Auswandern ist nicht leicht. Es
ist weniger die Tatsache, daß alles in der neuen Heimat anders ist,
als vielmehr das Problem, daß sich alles ein wenig, verglichen mit dem
Bekannten, unterscheidet. Dieses Wenig bereitet aber Schwierigkeiten,
denn es ist nicht zu fassen, nicht zu lokalisieren. Man kann nichts
dagegen tun, außer sich abzufinden.
An dieser Stelle möchte ich noch einmal aus dem Auswandererbrief
zitieren:

"I miss Ireland of course. I miss the faces, the voices, the
devil-may-care attitude, the humour and the crack. I try to
re-create a little bit of Ireland in my concerts. (der
Briefautor ist Musiker: der Verfasser) I do it without
stage-Irishness or sentimentality or Stimmungshascherei. I
read the papers my father sends from one end to the other -
even the deaths and birth, the ads for flats and jobs, the
applications for building permissions. I read Joyces
particulary Ulysses and Finnegan and it is a comfort in the
long dark winter when loneliness creeps up on me like
fog."[148.])

Erstaunlich war für mich bei meinen Recherschen, wie wenig mir die politischen Parteien, wenn sie mir überhaupt antworteten, helfen bzw.
Auskunft geben konnten.So teilte mir die Labour Party mit:

"The Labour Party does not have a specific programm on emigration (...)."

P. Jankowsky sieht in diesem Zusammenhang einen interessanten Aspekt:

"Irlands Hauptproblem und -ursache für die hohe Arbeitslosenrate (fast 18 %) ist eben, daß die hiesige Arbeitslosigkeit nicht mehr exportiert werden kann; oder nur noch sehr begrenzt."[149.])

Betrachtet man Einwanderungsbestimmungen der typischen Auswanderungsziele, so wird dies verständlich. Als Beispiel möchte ich aus den australischen Bestimmungen zitieren:

"Die meisten Antragsteller müssen entweder
- einen nahem Verwandten in Australien haben, der für ihre Einwanderung eine Bürgschaft (sponsorship) übernehmen kann, oder
- über Fähigkeiten oder persönliche Eigenschaften verfügen, die zur Förderung Australiens oder anderweitig zur australischen Lebensart positiv beitragen."[150.])

Manche Iren versuchen solche Bestimmungen zu umgehen, indem sie auf illegalem Wege einwandern. Auf diese Gruppe werde ich nicht genauer eingehen.
Eine der wichtigsten Aufgaben, die sich dem Irischen Staat stellen, ist die, in der Bevölkerung Vertrauen zu schaffen. Jahrhundertealte Probleme, Ängste, Befürchtungen und Vorurteile dem eigenen Land gegenüber können aber nicht von heute auf morgen weggewischt werden. Zudem scheint sich bei den Menschen vielfach die emotionale Bindung zu ihrem Heimatland zu lösen. Jankowsky hierzu:

"Früher wurde man von seinen Studenten gefragt:' And how do you like this country?' Heute ist die typische Frage: 'And why, for heaven's sake, are you here'."[151.])

Die von mir angesprochene Vertrauensbildung hat seit den sechziger Jahren ohne Zweifel begonnen, doch sollte sie intensiviert werden. Die Möglichkeiten sind da, denn Irland hat einen guten Ruf. Die ganze Welt weiß von den irischen Leinenstoffen, vom Tweed, vom Popeline, vom Wiskey und Portbier. Weltberühmt sind die Landwirtschaft und die Tierzucht (das teuerste Pferd, welches sogar entführt worden war, ist ein Ire). Dazu kommt der gesamte Tourismusbereich und neuerdings die Mikroelektronik sowie anscheinend in Zukunft die Förderung von Rohstoffen.

Ein wichtiger Schritt war in diesem Zusammenhang das Bestreben der Irischen Republik, aus der selbstgewählten Isolierung herauszutreten und sich internationalen Organisationen und Vereinigungen anzuschließen. Der EG-Beitritt war hier besonders wertvoll.

Durch eine Internationalisierung des Nordirland-Problems könnte vielleicht auch dieser Komplex, wenn nicht sofort, so doch irgendwann in der Zukunft gemeistert werden. Ich glaube, daß die britische Regierung eine Möglichkeit sucht, ganz von der Irischen Insel lassen zu können. Auf Dauer ist es für die Nachbarinsel einfach zu kostspielig, den Status quo beizubehalten. Außerdem ist es für die Engländer unangenehm, immer wieder in der öffentlichen Kritik zu stehen, ohne konkrete Vorteile zu haben. Die Teilung wird immer, solange sie bestehen wird, ein ungeheures Konfliktpotential darstellen, darüber müssen sich alle Beteiligten klar werden.

> "Die politisch-geographische Konstruktion, aus den neun Grafschaften Ulsters sechs herauszulösen, mit Belfast, dem einzigen Industrierevier der Insel Irland, mit Derry (Londonderry), dem Zentrum des 'Irischen Leinen', mit der uralten Stadt Armagh, die bis zum heutigen Tag das 'Rom' des katholischen Irland geblieben ist, diese seit 1921 den Iren aufgezwungene Konstruktion ist widersinnig. Keine irische Regierung wird sich je mit diesem Zustand abfinden können."[152.)]

In der letzten Zeit sind in Irland und England Tendenzen zu beobachten, die die Befürworter eines geeinten Irlands wieder hoffen lassen. Die Gegner, die fast ausschließlich aus Nordirland kommen, reagiern natürlich verängstigt, weil sie ihre Position erneut in Gefahr sehen. Ich spreche hier von dem "Agreemement between the government of Ireland and the government of the United Kingdom", welches Irlands Regierungschef FitzGerald und Englands Premier Thatcher 1985 unterschrieben haben. (Der Wortlaut des Vertrages ist im Anhang zu finden.)

Ein gesamtirisches Gefühl gibt es. Man denke nur an das "All-Ireland-rugby-team". Wenn die Sportler, die in dieser Mannschaft aus Nord- und Südirland stammen und katholisch oder protestaisch sein können, gegen England antreten, dann steht die gesamte irische Bevölkerung hinter ihnen und "Dear old Ireland ist eins". Ähnliche Erfahrungen hat Barry McGuigan, der irische Boxweltmeister gemacht. Der Katholik McGuigan ist mit einer Protestantin verheiratet. Durch seine Popularität und seinen Lebensstil versucht er, die beiden Bevölkerungsteile einander näherzubringen. Wenn überall gegen den jetzigen Zustand angekämpft wird, in den Familien, Schulen, Medien, Vereinen und Freundeskreisen, könnte sich die Situation auf der Insel zum Positiven wenden.

9. Schlußteil

9.1. Schlußbetrachtungen

Nach meinen Studien glaube ich ernsthaft, daß weder Industriali-sierungsprogramme, Mitgliedschaften in internationalen Vereinigungen oder Handelsvereinbarungen noch eine Beruhigung des Nordirlandkonflik-tes aus den Iren ein 100 prozentig seßhaftes Volk machen werden. Zu unterschiedlich sind die Anlässe, die im Laufe der Jahrhunderte Men-schen veranlaßte, die Insel zu verlassen (Handel, Mission, Hunger usw.) Abenteuerlust hat häufig eine große Rolle gespielt und spielt sie sicher auch heute noch. Meine Meinung ist, daß die Iren auch in Zukunft, selbst wenn sie mehr Vertrauen in ihren Staat haben, die Welt durch ihren Geist und ihre Eigenschaften prägen werden, weil sie das Land verlassen, wie zum Beispiel die Schriftsteller.

"Natürlich haben sehr viele irische Autoren, beispielsweise
George Bernhard Shaw, dann England als Wohnsitz gewählt
(...). Doch sie blieben dort unverkennbar Iren, das heißt
englischsprechende Europäer, sie schrieben in diesem Geiste,
der nicht der britische Geist war, und eben darauf beruht
ihr Erfolg und beruht auch eine außerordendliche Bereiche-
rung der britischen Literatur mit Werken von gar nicht
typisch britischer Kraft, Breite und oft Unerschöpflich-
keit."[153.)]

Ich erwähnte bereits die sogenannten "one year emigrants", die die Heimat verlassen, um sich für einige Zeit in der Welt umzusehen und ihr Glück, falls sie es außerhalb Irlands finden sollten, zu ergreifen. Drei junge irische Frauen, die ich in Deutschland kennenlernte, hatten eben dies vor. Sie hatten in Irland ihre sicheren Arbeitsplätze aufgegeben, um zwei Jahre nach Deutschland und Spanien, wo sie Bekannte haben, zu gehen. Da gerade bei der jetzigen Arbeitsmarktlage eine feste Anstellung wichtig ist, fragte ich sie:

"Why did you leave your country under these circumstances?" "We got bored and were realy fed up. The everyday routine was a torture." "But aren't you afraid that you won't get a job when you go back to Ireland in one or two years?" "God knows. In two years probably other girls will leave and we'll get their jobs. This is the Irish way of job sharing."

Diese Antwort bestätigte meine Meinung. Auf der Insel wird es immer eine relativ große Zahl Auswanderer geben, gleich, wie dort die gegenwärtigen Umstände sind. Auch das folgende Beispiel beweist die Reise- und Abenteuerlust der Iren. Für Studenten gibt es in Irland während der Semesterferien eigentlich gute Möglichkeiten, Geld zu verdienen. Trotzdem gehen viele außer Landes, um einen Ferienjob zu suchen. Sie nennen es "working holidays". Die jungen Leute nehmen diese Strapazen und auch die mit dem Aufenthalt in einem fremden Land verbundenen Kosten gerne auf sich, obwohl die irischen Studiengebühren teilweise sehr hoch sind und so Geld für das Studium verloren geht. Im folgenden möchte ich einen von mir verfaßten Artikel, der in der Jülicher Volkszeitung erschienen ist, anfügen, in dem einiges über diese kurzfristige Art des Auswanderns zu erfahren ist. Leben und erleben, dies sind die beiden Verben, die für mich einen Großteil der irischen Mentalität bestimmen. Eine Mentalität, die natürlich aus historischen Gegebenheiten heraus entstanden ist, die aber mittlerweile Eigenständigkeit entwickelt hat. Das daraus resultierende, auf der einen Seite unstet, auf der anderen Seite flexibel und offen anmutende Wesen der Iren, wird durch die moderne Technik noch gefördert. War der Abschied früher ein "good-bye forever", so bleibt im Zeitalter des Flugzeugverkehrs immer noch eine Hintertüre in der Fremde offen, durch die schnell der Weg zurück auf die Grüne Insel gefunden werden kann. Solche Möglichkeiten verleiten natürlich dazu, in Irland zu schnell aufzugeben.

Die Invasion von der Grünen Insel
alljährlich zur Saure-Gurken-Zeit

Irische Studentinnen finden lohnende Arbeit und ein interessantes Gastland

VON HANS ULRICH HAPPE

Jülich. – Die „Saure-Gurken-Zeit" bringt
seit 1977 alljährlich nach Jülich: Junge Vertreterinnen der Grünen Insel. Sie
kommen nicht etwa der „Stadt im Grünen" wegen, sondern eben wegen jener
sauren Gurken. Die nämlich bringen den
Irländerinnen während der Ferienzeit
manche harte Mark auf die hohe Kante.
Die JVZ traf im Jülicher Werk der Firma
Koppel & Frenzel die Studentinnen Claire, Mary, Martina und einige weitere Sai-
sonarbeiterinnen.

„Eigentlich", so Betriebsleiter Michael
Sturm, „kamen unsere Kontakte nach Irland eher zufällig zustande. Unser Direk-
tor Ludwig Welling nahm den Vorschlag
einer Grevenbroicher Obst- und Gemü-
sefabrik auf, in der Saison irische Studentinnen zu beschäftigen, weil man mit
irischen Aushilfskräften sehr gute Erfahrungen gemacht haben wollte." Gleich
im ersten Jahr 1977 stellte das Jülicher
Werk 80 junge Damen von der Grünen
Insel ein. „Unseren Rekord erreichten
wir 1979, als 148 Mädchen den Flug zum
Düsseldorfer Flugplatz antraten", erinnert sich der Betriebsleiter.

Die Studentinnen werden in Düsseldorf
von Johannes Wolff, der in der Lohn-
buchhaltung des Werkes tätig ist, abge-
holt. „Nicht immer kommen alle Mädchen an, die wir erwarten", berichtet der
Angestellte, „aber mit denen, die wir
dann in Jülich begrüßen dürfen, können
wir fast ausnahmslos zufrieden sein."
Überhaupt scheinen beide Seiten, sowohl die Firma wie auch die Irländerinnen, so um die 20 Jahre jung, miteinan-
der sehr zufrieden zu sein. Martina Purdy aus Dublin, die auch schon im letzten
Jahr den Weg an die Rur fand, erinnert
sich aber nicht nur an schöne Augen-
blicke:

Schwieriger Anfang

Als wir damals ankamen, war es zuerst
schrecklich. Ich kannte niemanden,
konnte kein Wort Deutsch verstehen und
fühlte mich den fremden Menschen richtig ausgeliefert. Dieses und jenes mußten
wir unterschreiben, wurden eingekleidet
und wurden aufgefordert, unseren Stu-
denten- und Personalausweis in der Fabrik zu lassen. Sehr bald änderte sich
aber einiges. Wir erkannten, daß die
Menschen uns wohlgesonnen waren.
Bald war der Wunsch, auf der Stelle
kehrtzumachen und nach Hause zu flie-
gen, vergessen. Schnell schlossen wir
Mädchen untereinander Freundschaft
und machten es uns in den betriebseige-
nen Wohnungen gemütlich."

Verglichen mit vielen anderen Fabri-
ken, in denen wir sonst in den Ferien
arbeiten, ist Frenzel mit den gesamten
Umständen in Jülich ein wahres Para-
dies", überlagert Mide, die ebenfalls aus
Dublin stammt.

Fest eingeplant

Für Frenzel sind die irischen Studentinnen eine Größe, die längst alljährlich ihren festen Platz in der Personalplanung
für die Hochsaison hat. Große Reklame

Die Arbeit macht ihnen offensichtlich Freude: Den irischen Studentinnen Claire Pierse, Mary
Carroll und Martina Purdy, die hier an einer Verpackungsmaschine beschäftigt sind.
(Foto: Petersen)

braucht die Firma in Irland längst nicht
mehr zu machen. Viele Mädchen suchen
in Irland für die Ferien Arbeit, und so
sprechen sich Möglichkeiten, im Ausland
Beschäftigung zu finden, sehr schnell
herum.

„Zwei Gründe veranlassen uns, in unse-
rer freien Zeit Irland den Rücken zu keh-
ren", erklärt Martina. „Zuerst einmal
sind es die Studiengebühren, die wir jedes Jahr zu entrichten haben; sie liegen
im Durchschnitt so bei 1500 DM. Für uns
klingt es unglaublich, daß in Deutschland die Studenten sogar teilweise Geld
vom Staat bekommen, um zu studieren.
Aber nicht nur das Geld ist es, was uns
zum Beispiel nach Deutschland bringt.
Wir möchten etwas von der fremden
Kultur der verschiedenen Länder kennenlernen und viele Menschen treffen."

Populäres Ferienziel

Amerika, London und Deutschland sind
die beliebtesten „Arbeitsferienziele".
Deutschland deshalb, weil es mitten im
Herzen Europas liegt, und es von daher
möglich ist, viel zu erleben und viele
Plätze zu besuchen. Für die Inselbewohner ist es eine phantastische Vorstellung,
einfach mit dem Auto loszufahren und
ein Land nach dem anderen zu durch-
queren, ohne auch nur einen Fuß in eine
Schiff oder ein Flugzeug zu setzen.
Entsprechend sieht dann auch der Wo-
chenendplan der Studentinnen aus. Ziele
wie Heidelberg, Brüssel, Amsterdam
oder Luxemburg sind keine Seltenheit.
Manche nehmen noch größere Strapazen
auf sich und reisen bis Berlin; sogar in
der Schweiz und in Rom waren einige
der Mädchen schon am Wochenende.

„Kaum zu glauben, welche Energie die
Irinnen haben", muß auch Gabi Thomas
nur staunen. Seit fünf Jahren kümmert
sich die deutsche Studentin um die Be-

lange ihrer irischen Kommilitoninnen in
den Semesterferien. Auch Linienführer
H. Hilgers kann für die „Insulanerinnen"
nur anerkennende Worte finden: „Es ist
einfach toll, was sich die Mädchen zumu-
ten, über neun Stunden harte, meist un-
gewohnt Fabrikarbeit am Fließband
während der ganzen Woche, und auch
noch oft am Samstag. Trotzdem haben
sie die Energie, am Wochenende solche
Strapazen auf sich zu nehmen. Also ich
arbeite wirklich gerne mit den Studentinnen zusammen!"
Natürlich merken die Mädchen recht
schnell, wo ihnen Verständnis entgegen
gebracht wird und wo nicht, auch wenn
die Sprachbarriere recht groß ist, wie
Niamh bedauert. „Wir möchten recht viel
vom Land und von den Leuten hier kennenlernen, denn Deutschland ist beachtlich und die Menschen sind auch viel net-
ter als häufig angenommen wird", erläu-
tert die Studentin weiter.

Ausnahme von der Regel

Besondere Sympathien hat Mr. Sturm,
der Betriebsleiter, zu den irischen Mädchen. Nur bedauern die Studentinnen,
daß er bei seinen Kontrollgängen oft eine so ernste Miene macht. „Das paßt doch
gar nicht zu ihm!" Besonders gut verstehen sich die Mädchen in der Fabrik natürlich mit den Arbeitskräften, die auch
englische Sprache beherrschen. Aber
trotzdem bleiben die im Werk vertrete-
nen verschiedenen Nationen nach der
Arbeit meist unter sich. Manchmal
kommt es zu länger anhaltenden Brief-
kontakten und Freundschaften.
Natürlich bestätigt aber auch hier die
Ausnahme einmal mehr die Regel. Martina hat in Deutschland mehr gefunden als
eine Zufallsbekanntschaft mit einem deutschen Studenten, und die Freundschaft
soll für länger reichen.

Auch wenn es verschiedene Stellen nicht wahrhaben wollen, existiert nach wie vor in Irland Auswanderung. Daran kann auch der Versuch nichts ändern, diesen Vorgang idealisiert zu beschreiben.

> "Auch haben sich die Beweggründe für eine Auswanderung oder ein Arbeiten außer Landes geändert: Erweiterung des Horizonts, Suche nach besonderen Erfahrungen oder freiwillige missionarische oder andere Dienste im Namen der Menschlichkeit für die unterentwickelten Völker der Welt. Die Mitgliedschaft in der EG hat zu einer Neuauflage des traditionellen Austausches zwischen Europäern und Iren geführt."[155.])

Natürlich ist diese Darstellung nicht ganz falsch, und so möchte ich die beiden, in meinen Augen wichtigsten der neuen "Auswanderungsarten" genauer vorstellen. Heute gibt es wieder eine irische Mission. Wiederum sind es vorwiegend die Kirchen, die tausende freiwillige Helfer, Priester und Ordensschwestern in die Welt, vor allem in die Entwicklungsländer senden. Anläßlich des "International Year of Peace 1986" berichtete "Ireland today" in seiner Märzausgabe ausführlich über die Leistungen der irischen Entwicklungshelfer.
Helfen scheint in Irland vielfach noch etwas Selbstverständliches. Fast in jedem Flugzeug und auf jedem Schiff, das Irland verläßt, ist jemand, der in die Welt auszieht, um zu helfen, in Leprastationen, Krankenhäusern, in der Dritten Welt.[156.])
Dieses Bedürfnis ist aber nicht nur auf die Menschen beschränkt, die ins Ausland gehen wollen. In Irland machte ich zum Beispiel die Erfahrung, daß Institutionen, die es sich zur Aufgabe gemacht haben, Sozialschwächergestellten zu helfen, Wartelisten "for voluntary workers" hatten, weil es eine zu große Nachfrage nach (kaum zu glauben) unbezahlten Jobs gab.

Außer der neuen irischen Mission gibt es ein zweites Gebiet, auf dem die Iren im Ausland sehr engagiert sind, die Mitgliedschaft und die Tätigkeiten des Irischen Staates in den "United Nations Peace-Keeping Operations". Es würde zu weit führen, hier alle Länder und Anlässe aufzuführen, wo sich irische Soldaten um den Frieden in der Welt bemüht haben. Auf eine tabellarische Übersicht möchte ich jedoch nicht verzichten.

Ireland in UN Peace-Keeping Operations

Forces

Title	Location	Period	Max. Strength	No. of Irish who have served
ONUC (Organisation des Nations Unies au Congo)	Congo (Now Zaire)	1960-64	19,825	6,191
UNFICYP (UN Force in Cyprus)	Cyprus	1964-	6,411	9,400 approx.
UNEF 2 (UN Emergency Force 2)	Sinai Desert	1973-79	6,973	439
UNIFIL (UN Interim Force in Lebanon)	South Lebanon	1978-	6,126	9,000 approx.

Observer Missions

Title	Location	Period	Max. Strength	No. of Irish who have served
UNTSO (UN Truce Supervision Organisation)	Israel/Egypt/ Syria/Lebanon/ Jordan	1949-	298	250 approx.
UNIPOM (UN India/ Pakistan Observer Mission)	India/Pakistan Border	1965-66	96	12
UNTEA (UN Temporary Executive Authority)	West Irian (former West New Guinea)	1962	21	2
UNOGIL (UN Observer Group in Lebanon)	Lebanon	1958	600	50
UNITs (UN Inspection Teams)	Iran and Iraq	1984-	8	6

157.)

Die Tatsache, daß das Phänomen der Auswanderung für die Irische Insel einen großen Stellenwert besitzt, wird wohl niemand bestreiten können. Unterschiedliche Gegenwarts- und Zukunftseinschätzungen sind hingegen, je nach Standpunkt sehr gut denkbar.

Nachdem ich mich mit der Geschichte und der Gegenwart Irlands beschäftigt hatte, versuchte ich das, was ich dort erfahren hatte, in einen direkten Zusammenhang zum täglichen Leben zu sehen.

Die Realität bestätigte mich in den gewonnenen Erkenntnissen und so möchte ich versuchen, meine Meinung und meine Abschätzung der irischen Situation thesenartig zusammengefaßt zu formulieren. Diese drei Thesen sind natürlich im Zusammenhang mit dem gesamten Text und nicht ohne weiteres absolut zu sehen.

1. DAS WISSEN UM DIE EMIGRATION AUS IRLAND IST DER SCHLÜSSEL, DEN JEDER BESITZEN MUSS, DER IRLAND AUCH NUR ANNÄHERND VERSTEHEN MÖCHTE.

2. DAS PHÄNOMEN DER AUSWANDERUNG, WELCHES IN IRLAND BESTEHT SEITDEM ES DIE MÖGLICHKEIT GIBT, DIE INSEL ZU VERLASSEN, BESTIMMTE DIE GESAMTE ENTWICKLUNG DES LANDES BIS ZUM HEUTIGEN TAG.

3. TROTZ ALLER GESELLSCHAFTLICHEN UND WIRTSCHAFTLICHEN ÄNDERUNGEN IN DER IRISCHEN GESCHICHTE, GAB ES IMMER UND WIRD ES AUCH IN ZUKUNFT AUSWANDERUNG AUS IRLAND GEBEN.

9.2. Stellungnahme zum Literaturangebot

Bei einer Arbeit über Irland bedeutet eine vielseitige Information ein unabdingbares Muß. Trotzdem wird es auch dem Unvoreingenommenen bei einer intensiven Beschäftigung mit der Irlandmaterie kaum gelingen, neutral zu bleiben. Zu erklären ist dies dadurch, daß die historische Dimension als Basis für ein Verstehen der irischen Gegenwart wesentlich ist.

Aus diesem Grund möchte ich ein historisches Werk ganz besonders empfehlen. James Camlin Becketts "Geschichte Irlands". Wer Becketts Buch liest, ist danach klüger und nicht verwirrt.Dies gilt auch für den Laien, an den ich in diesem Kapitel in erster Linie denke. Sollten natürlich bestimmte Zeitspannen von besonderem Interesse sein, so ist Becketts Abhandlung allerdings zu allgemein.

Das zweite Buch, das ich jedem, auch dem, der Irland nicht erforschen und verstehen sondern einfach nur kennenlernen will, empfehlen möchte, heißt auf Deutsch "Irland". Der Orginaltitel lautet "Facts about Ireland" und ist vom irischen Department of Foreign Affairs herausgegeben.Thematisch geordnete und die verschiedensten Bereiche behandelnde Abschnitte, die interessant und informativ bebildert sind, sind auch für den Nicht-Fachmann ein erstklassiger Einstieg.

Weiterhin möchte ich zwei Bücher erwähnen, auf die ich mich zwar nicht im wörtlichen Zitat bezogen habe, die mir jedoch enorm geholfen haben: ein Standartwerk der irischen Geschichte "Ireland Since the Famine" von F.S.L. Lyons, sowie das erheblich leichter "verdaubare" "The Great Silence" von Sean de Freine.

Die Tatsache, daß es viele bedeutende irische Autoren, Dichter, Drama-
tiker und Literaten gibt, die sich mit den unterschiedlichsten Themen
ihres Landes auseinandergesetzt haben, ermöglicht jedem, auch auf
unterhaltsame Art und Weise, Informationen über die Insel und ihre
Menschen zu erhalten. Natürlich muß hier James Joyce genannt werden,
Ich möchte aber eigentlich zu Sean O'Casey raten. Seine sechsbän-
dige Autobiographie ist allerdings eher für wirkliche Irlandfans geeignet. Um das heutige Irland, die Zeit seit 1916 sowie das Verhältnis
England-Irland besser zu begreifen, halte ich O'Caseys Dramen, vor
allem sein Werk "Der Pflug und die Sterne" für geeignet.

Zwei Bücher dürfen unter gar keinen Umständen in diesem Kapitel feh-
len, auch wenn beide nicht mehr ganz dem heutigen Stand entsprechen.
A.E. Johanns Reisebericht "Irland Heimat der Regenbogen" und Heinrich
Bölls "Irisches Tagebuch" sollten im Zusammenhang mit Irland Pflicht-
lektüre sein. Den Autoren gelingt es unter anderem, zwischen den
Zeilen zu vermitteln, wo die Unterschiede zwischen den Iren und den
Kontinentaleuropäern liegen.

Das letzte Buch, welches ich besonders erwähnen möchte, ist ein wirk-
licher Leckerbissen. Es handelt sich um einen Bildband, der leider, so
weit ich informiert bin, in der Bundesrepublik nicht so einfach bezogen werden kann. Wie der Titel "Ireland and her people" ahnen läßt,
geht es dem Autor Rerence Sheehy darum, Land und Leute vorzustellen.
Interessant ist der umfangreiche Vorspann, in dem der Autor die viel-
seitigen Verbindungen Irlands in alle Welt beschreibt.

Zum Standartwerk für deutsche Touristen wird mit Sicherheit in den
nächsten Jahren das 160 Seiten umfassende "Geo Special Irland".

Wer sich für das aktuelle Geschehen auf der Irischen Insel interessiert, der sollte, das vom irischen Department of Foreign Affairs
herausgegebene Bulletin "Ireland Today", welches monatlich z.B.über
die irische Botschaft in Bonn Bad Godesberg bezogen werden kann, abon-
nieren.

Wer sich mit der Irischen Insel, gleich aus welchen Gründen auch immer
befaßt, dem stehen unzählige Bücher zur Verfügung. Es ist unmöglich
aber auch unnötig das gesamte Buchmaterial zu konsumieren, notwendig
ist indes, sich darüber klar zu werden, daß Irland mit anderen Maßstä-
ben als das übrige Europa gemessen werden muß.

9.3. Nachwort

Der Leser wird sicher nach der Lektüre meines Buches festgestellt haben, daß es sich weder um ein Geschichts- noch um ein Sachbuch handelt. Mein primäres Ziel war nicht, Wissen zu vermitteln, sondern für Irland zu interessieren. Weil es nicht meine Absicht war , einen weiteren Reiseführer zu schreiben, wählte ich den "Umweg" über die Geschichte und das Phänomen der Emigration. Dies ist vielleicht ungewöhnlich, erschien mir aber am adäquatesten, um informativ an Irland heranzuführen.

Wer den Umfang des Buches und den behandelten Stoff in Relation sieht, der wird verstehen, daß ich weder allumfassend berichten und schildern wollte, noch konnte.

Dies ist auch der Grund, aus dem ich konkretere Äußerungen zu Macht und Stellung der römisch katholischen Kirche in Irland vermieden habe. Ein solches Thema würde verzerrt , wenn es nur als Unterpunkt oberflächlich abgehakt würde.

Ähnliches trifft auch für den Nordirlandkonflikt zu, den ich aber nicht ganz aussparen konnte.

Verzichtet habe ich dagegen weitgehend auf Schilderungen dessen, was irische Auswanderer in der Fremde erreicht haben, und wie sich dies auf ihr Mutterland ausgewirkt hat.

Einigen Personen möchte ich für Rat und Hilfe beim Entstehen des Buches besonders danken. Herausstellen möchte ich Martina Purdy, die mich immer wieder motiviert hat, in meinen Studien fortzufahren. Dank gilt weiterhin Heinrich Böll, Prof. Geoffry Cook (University College Dublin) sowie Peter Jankowsky (Goethe Institut Dublin) für ihre Briefe.

Elfriede und Matthias Happe, Jürgen Tuppen H. Leo Mülheims und ganz besonders Gerd Langenberg möchte ich für ihre Hilfe beim Entstehen des Buches danken.

Ein letztes Dankeschön an Prof. Dr. phil. Winfried Böttcher von der Rheinisch-Westfälischen Technischen Hochschule Aachen, dem ich das vorliegende Buch leicht abgeändert als schriftliche Hausarbeit zum Ersten Staatsexamen vorgelegt habe, und der mich ermutigte, die Arbeit in dieser Form zu veröffentlichen.

10. Anmerkungen

1. Stewig, Reinhard: Funktion und Entwicklung (=Schriften des Geographischen Instituts der Universität Kiel. Herausgegeben von O. Schmieder, W. Lauer, H. Blume u. H. Schlenger. Band XVIII - Heft2 Kiel 1959, S. 14. Nach Ordnance Survey Map

2. Wappensymbole u. Flaggenfarben der Republik Irland. Fasson FasCal Permanent. Eason, Dublin

3. Rosenstock, Georg: Well, ein großartiger Tag! in: Irland. Merian - Das Monatsheft der Städte und Landschaften. 12. Jahrgang. Heft 4. Hamburg 1959. Im folgenden zitiert als: Merian I: a. a. O., S.

4. Wagner, Margit: Irland. Passau 1963, S. 10

5. Harbison, Peter: Guide to the National Monuments in the Republic of Ireland. Dublin 1971, S. 1

6. Joyce, James: The Dead. in: Joyce, James: Dubliners (Tb.) London 10. Aufl. 1984, S. 182 f.

7. Binchy, Maeve: Dublin, Mein Dublin, in: Irland. Merian - Das Monatsheft der Städte und Landschaften. 29. Jahrgang. Heft 5. Hamburg 1976, S.31.Im folgenden zitiert als: Merian II: a.a.O.,S.

8. Großbritannien und Irland. Nagels Reiseführer. Genf Hamburg London New York Paris 2. Aufl. 1963 S. X f.

9. Vgl. Department of Foreign Affairs (Hrsg.): Irland: eine Landeskunde (irische Originalausgabe: Facts about Ireland). Stuttgart Berlin Köln Mainz 1983, S. 20. Im folgenden zitiert als: Department: a. a. O., S.

10. Learning English. Ausgabe B. Teil 2. Bearbeitet von Karl Beilhardt u. a. Stuttgart 2. Aufl. 1973, S. 25

11. Vgl. Stadler, Klaus: Nordirland - Analyse eines Bürgerkrieges. München 1979, S. 188

12. Kunz, Hans: Irland. Grünes Vorland im Atlantik. Olten 1971,S.28f.

13. Vgl. Wagner, Margit: a. a. O., S. 87 f.

14. Merian I: a. a. O., S. 44

15. Degn, Christian; Eggert, Erwin u. Albert Kolb (Hrsg.): Seydlitz für Gymnasien Band 2 Europa. Kiel und Hannover 1969, S. 72

16. Vgl. Department:a.a.O.,S.10 ff.; Kuhn, Werner: Atlantische Inselfahrt. Vom Wendekreis zum Eismeer. Bern 1956, S. 100 ff.; Ziegler, Wolfgang: Irland. Kunst, Kultur und Landschaft. Entdeckungsfahrten zu den Kunststätten der "Grünen Insel". Köln 1974, S.7ff.

17. Vgl. Kuhn, Werner: a. a. O., S. 101 ff.

18. Vgl. Wagner, Margit: a. a. O., S. 32

19. Stewig, Reinhard: a. a. O., S. 25

20. Stewig, Reinhard: a. a. O., S. 33

21. Vgl. Kunz, Hans: a. a. O., S. 30f.

22. Ginearalta, Radharc (Photo): Newgrange. Co. Meath. National Parks and Monuments Service. Commissioners of Public Works in Ireland. o. O. o. J.

23. Vgl. Department: a. a. O., S. 23

24. Vgl. ebd., S. 7 ff.

25. Kuhn, Werner: a. a. O., S. 111

26. Caesar, Gaius Julius: De Bello Gallico. Kritisch geprüfte vollständige Textausgabe von Dr. Hans Fluck. Paderborn o. J., S. 80

27. Vgl. Wocker, Karl-Heinz: Wehleidigkeit als nationale Leidenschaft, in: Merian II: a. a. O., S. 74 f.

28. Vgl. Raftery, Joseph: Das Goldene Zeitalter, in: Merian I: a. a. O., S. 19

29. Vgl. Kunz, Hans: a. a. O., S. 15

30. Vgl. Wagner, Margit: a. a. O., S. 17

31. Vgl. Ziegler, Wolfgang:a.a.O.,S.9f.; Wagner, Margit:a.a.O.,S.17f.

32. Vgl. Merian II: a. a. O., S. 75 f.

33. Ziegler, Wolfgang: a. a. O., S. 209

34. Vgl. Bieler, Ludwig: Irland. Wegbereiter des Mittelalters. Olten Lausanne Freiburg 1961, S. 10

35. Vgl. Oslender, Frowien (Hrsg.): Irische Miniaturen. Zwölf farbige Bilder aus Handschriften irischer Mönche. Hamburg 1957, S. 13

36. Vgl. Bieler, Ludwig: a. a. O., S. 11

37. Vgl. Herkens, Ernst: Grüne Insel Im Zeichen des Kleeblatts, in: Aachener Volkszeitung vom 11. Mai 1985

38. Vgl. Bieler, Ludwig: a. a. O., S. 12

39. Zöller, Peter (Photo): Croagh Patrick, Mayo. Insight Postcards. Clontarf, Dublin o. J.

40. Vgl. Beckett, James Camlin: Geschichte Irlands (engl. Originalausgabe: A Short History of Ireland). Stuttgart 2. Aufl.1982, S.5

41. Vgl. Bieler, Ludwig: a. a. O., S. 15

42. Vgl. Beckett, J. C.: a. a. O., S. 5

43. Vgl. Wagner, Margit: a. a. O., S. 67 f.

44. Vgl. Ziegler, Wolfgang: a. a. O., S. 25 f.

45. Vgl. Beckett, J. C.: a. a. O., S. 6

46. Vgl. Oslender, Frowien: a. a. O., S. 13 f.

47. Vgl. Pfister, Kurt: Irische Buchmalerei. Nordeuropa und Christentum in der Kunst des frühen Mittelalters, Potsdam 1927, S. 3 ff.; Werkmeister, Otto-Karl: Irisch-northumbrische Buchmalerei des 8. Jahrhunderts und monastische Spiritualität. Berlin 1967, S. 1 ff.

48. Vgl. Beckett, J. C.: a. a. O., S. 7; Department: a. a. O., S. 237

49. Vgl. Bieler, Ludwig: a. a. O., S. 30

50. Bieler, Ludwig: a. a. O., S. 6

51. Vgl. Oslender, Frowien: a. a. O., S. 14 f.

52. Vgl. Beckett, J. C.: a. a. O., S. 7

53. Vgl. Oslender, Frowien: a. a. O., S. 14 f.

54. Department: a. a. O., S. 112 f.

55. Wappen von Dublin. Fasson FasCal. Permanent. Eason, Dublin

56. Vgl. Beckett, J. C.: a.a.O., S.8ff.; Wagner, Margit: a.a.O., S.29

57. Vgl. Department: a. a. O., S. 27

58. Vgl. Beckett, J. C.: a.a.O., S.9.; Bieler, Ludwig: a.a.O:, S.123

59. Vgl. Beckett, J. C.: a. a. O., S. 11

60. Vgl. Wagner: a. a. O., S. 73 f.

61. Vgl. ebd., S. 76

62. Vgl. ebd., S. 77

63. Vgl. Bieler, Ludwig: a. a. O., S. 16 ff.

64. O'Toole, P.(Photo): Strongbow's Tomb, Christ Church Cathedral, Dublin, Ireland. John Hinde Studios. Co. Dublin o. J.

65. Vgl. Wagner, Margit: a. a. O., S. 279

66. Vgl. Beckett, J. C.: a. a. O., S. 12 f.

67. Vgl. Wagner, Margit: a. a. O., S. 126 f.

68. Beckett, J. C.: a. a. O., S. 13

69. Dowling, P. J.: A History of Irish Education. A study in conflicting loyalities. Cork 1971, S. 38

70. Vgl. Beckett, J. C.: a. a. O., S. 13 ff.

71. Vgl. ebd., S. 45 ff.

72. Vgl. Johann, A. E.: Irland. Heimat der Regenbogen. (Tb.) München 1984, S. 12

73. Vgl. Beckett, J. C.: a. a. O., S.81 ff.

74. Ebd. S. 82

75. Vgl. Department: a. a. O., S. 31

76. Vgl. Beckett, J. C.: a. a. O., S. 85 ff.

77. Beckett, James Camlin: a. a. O., S. 98

78. Malton, James (Gemälde auf Postkarte) 1792: Dublin Castel. John Hinde Studios. Co. Dublin o. J.

79. Vgl. Wagner, Margit: a. a. O., S. 104
80. Vgl. Beckett, J. C.: a. a. O., S. 104
81. Vgl. Department: a. a. O., S. 237
82. Vgl. Beckett, J. C.: a. a. O., S. 112 f.
83. Hanly, John: Oliver Plunkett. Dublin 1975, S. 4
84. Vgl. Cardinal Tomas O'Fiaich: Saint Oliver of Armagh. The life of St. Oliver Plunkett. Dublin 1981
85. Vgl. Beckett, J. C.: a. a. O., S. 106 ff.
86. Vgl. Wagner, Margit: a. a. O., S. 136 f.
87. Vgl. Johann, A. E.: a. a. O.,: S. 24 u. S. 212
88. Vgl. Wagner, Margit: a. a. O., S. 137
89. Vgl. Bonhage, Hans Joachim: Anders auf den ersten Blick, in: Merian II: a. a. O., S. 9
90. Orme, A. R.: The World's Landscapes Band 4 Irland. London 1965
91. Vgl. Department: a. a. O., S. 31
92. Dowling, P. J.: a. a. O., S. 86
93. Rasch, Hannelore: Ein Lob der Kartoffel, in: Das Beste aus Reader's Digest. Nr. 1. Januar 1970, S. 58 f.
94. O'Toole, P. (Photo): St. Patrick's Cathedral, Dublin, Ireland. John Hinde Studios.
95. Vgl. Wagner, Margit: a. a. O., S. 139
96. Vgl. ebd., S. 214
97. O'Toole, P. (Photo): Mansion House, Dublin, Ireland. John Hinde Studios. Co. Dublin o. J.
98. Vgl. Beckett, J. C.: a. a. O., S. 147 ff.
99. Lange, Helmut: Bauern, Priester, Bombenleger - Irlands Geschichte - Irlands Leidensweg. Sendemanuskript. Prod.-Nr. 6486/0119. Sendung des 2. Deutschen Fernsehens, S. 19
100. Garvey, Donal: Irish Migration Flows - with particular emphasis on post-war flows between the United Kingdom and the Republic of Ireland. Dublin o. J.
101. Ebd., S. 1
102. Minister of Supply and Services Canada: The Canadian Family Tree. Ottawa 1979, S. 123 f.
103. Garvey, Donal: a. a. O., S.20
104. Ebd., S. 2
105. Ebd., S. 16
106. Garvey, Donal: a. a. O., S. 18

107. Shadbolt, Maurice: Liebenswertes Dublin, in: Reader's Digest. Nr. 7 Juli 1985, S. 134

108. Vgl. Department: a. a. O., S. 237 ff.

109. Garvey, Donal: a. a. O., S. 1

110. Vgl. Wagner, Margit: a. a. O., S. 220

111. Plunkett, James: Manche, sagt man, sind verdammt (engl. Original-ausgabe: Strumped City). (Tb.) Reinbeck bei Hamburg. 2. Aufl. 1981, S. 53

112. Vgl. Wagner, Margit: a. a. O., S. 220 ff.

113. Garvey, Donal: a. a. O., S. 3

114. The Irish in Canada o. O. o. J.

115. Minister of Supply and Services Canada: a. a. O., S. 126

116. Garvey, Donal: a. a. O., S. 21

117. Ebd., S. 21

118. Garvey, Donal: a. a. O., S. 17

119. Colum, Padraic: Grania's Farewell, in: Röhr, Heinz: The English Companion. Frankfurt (Main) Berlin München 6. Aufl. 1971, S. 100 f.

120. Vgl. Beckett, J. C.: a. a. O., S. 198 ff.

121. Vgl. Wagner, Margit: a. a. O., S. 224

122. Vgl. ebd., S. 225 f.

123. Pears, Padraic: Plays Stories Poems. Dublin 1980, S. 333

124. The Wolfe Tones: James Connolly, auf: The Wolfe Tones: Let The People Sing. o. O. 1973

125. Lange, Helmut: a. a. O., S. 45

126. Ebd., S. 49

127. Rees, Henry: The British Isles. Regional Geography. London 2. Aufl. 1972, S. 99

128. Reed, David: Nordirland. Anatomie eines Bürgerkrieges., in: Das Beste aus Reader's Digest. Nr. 6. Juni 1975, S. 165

129. Ebd., S. 164

130. Vgl. Department: a. a. O., S. 38 ff.

131. Vgl. Lange, Helmut: a. a. O., S. 51

132. Vgl. Johann, A. E.: a. a. O., S. 83 f.

133. Vgl. Küpper, Utz Ingo: Regionale Geographie und Wirtschaftsförde-rung in Großbritannien und Irland. Wiesbaden 1970, S. 34 ff. und S. 197 ff.

134. Ebd., S. 182 f.

135. Garvey, Donal: a. a. O., S. 5

136. Ebd., S. 9

137. Vgl. ebd., S. 11

138. Briefliche Mitteilung von Heinrich Böll vom 5. 4. 1985

139. "Aufbruch der Söhne", in: Der Spiegel. Nr.15 vom 7.April 1986, S.170

140. Vgl. Kunz, Hans: a. a. O., S. 10

141. Ebd., S. 9

142. Herm, Gerhard: Die Kelten Legende und Wirklichkeit, in: MerianII: a. a. O., S. 96

143. Blake, Liam (Photo): Market day in the streets of Killorglin, Co. Kerry. Real Ireland Design Limited. Dublin o. J.

144. Ireland Today. Bulletin of the Department of Foreign Affairs. Mai 1984, S. 6

145. Vgl. "Aufbruch der Söhne", a. a. O., S. 173

146. Willis, Joan (Photo): Horse Drawn Caravan at Blarney Castel, Co. Cork, Ireland. John Hinde Studios. Dublin o. J.

147. Briefliche Mitteilung von Peter Jankowsky (Goethe Institut Dublin) vom 8. Januar 1986

148. Ebd.

149. Ebd.

150. Auswanderung nach Australien. Die Zulassungsbestimmungen. Veröffentlicht vom Australian Government Publishing Service für das Australian Department of Immigration and Ethnic Affairs. o.O.1984

151. Briefliche Mitteilung von Peter Jankowsky. a. a. O.

152. Johann, A. E. in: Merian I: a. a. O., S. 9

153. Ferber, Christian: Das klassische Land der Auswanderer, in: Die Welt vom 7. November 1974

154. Happe, Hans Ulrich: Die Invasion von der Grünen Insel alljährlich zur Saure-Gurken-Zeit, in: Jülicher Volkszeitung vom 26. August 1982

155. Department: a. a. O., S. 242

156. Vgl. Wagner, Margit: a. a. O., S. 346

157. Ireland Today. Bulletin of the Department of Foreign Affairs. März 1986, S. 6

11. Literaturliste

11.1. Literatur zu Irland

1. "Aufbruch der Söhne", in: Der Spiegel Nr. 15 vom 7. April 1986 S. 170 - 173

2. Annual Report 1981. Irish Welfare Information Centre (Ed.) Dublin 1981

3. Auswanderung nach Australien. Die Zulassungsbestimmungen. Veröffentlicht vom Australian Government Publishing Service für das Australian Department of Immigration and Ethnic Affairs.o.O.1984

4. Bayer, Manfred und Manfred Kolbe: Die Ausbildung der Lehrer an berufsbildenden Schulen in Großbritannien, in den USA, in Irland. Frankfurt (Main) 1977

5. Beckett, James Camlin: Geschichte Irlands (engl. Originalausgabe: A Short History of Ireland) Stuttgart 2.Aufl. 1982

6. Bieler, Ludwig Irland. Wegbereiter des Mittelalters. Olten Lausanne Freiburg 1961

7. Blackwell, John u. John McGregor: Population and Labour Force Projections by County and Region, 1979 - 1991. Published by the National Economic and Social Council. Dublin 1982

8. Blessing, Patrick J.: Irish, in: Thernstorm Stephan (Ed.): Harvard Encyclopedia of American Ethnic Groups. Cambridge (Mass.) London 1980 pg. 524 - 545

9. Botheroyd, Sylvia und Paul F. Botheroyd: Irland. Kunst- und Reiseführer mit. Landeskunde. Stuttgart Berlin Köln 1985

10. Böll, Heinrich: Irisches Tagebuch. (Tb.) München 28. Aufl. 1981

11. Briefliche Mitteilung von Heinrich Böll vom 5. April 1985

12. Briefliche Mitteilung von Peter Jankowsky (Goethe Institut Dublin) vom 8. Januar 1986

13. Briefliche Mitteilung von Professor Geoffrey Cook (University College Dublin, Belfield; Prof. of Social Administration) vom 28. April 1986

14. Budgen, Frank: James Joyce und die Entstehung des "Ulysses". (engl. Originalausgabe: James Joyce and the making of "Ulysses" and other writings). (Tb.) Frankfurt (Main) 1982

15. Caesar, Gaius Julius: De Bello Gallico. Kritisch geprüfte vollständige Textausgabe von Dr. Hans Fluck. Paderborn. o. J.

16. Cara. The Inflight Magazine of Aer Lingus Januar/Februar 1980 September/Oktober 1983 März/Apri 1984

17. Cardinal Tomas O'Fiaich: Saint Oliver of Armagh. The life of St. Oliver Plunkett. Dublin 1981

18. Careers and Appointments Office. University College Dublin (Ed.): report for the year ended 31 st. December 1982. Dublin 1982

19. Carleton, William u. a.: Irish Stories. Irische Erzählungen. München 2. Aufl. 1981

20. Coolahan, John: Irish Education: It's History and Structure. Published by the Institute of Public Administration. Dublin 1981

21. Corrigan, Patrick: The vanishing Irish. o. O. o. J.

22. Davies, Herries u. Nicholas Stephens: The Geomorphology of the British Isles. Ireland. London 1978

23. De Freine, Sean: The Great Silence. The study of relationship between language and nationality. (Tb.) Dublin Cork 2. Aufl. 1978

24. Degn, Christian; Eggert, Erwin u. Albert Kolb (Hrsg.): Sydlitz für Gymnasien Band 2 Europa. Kiel und Hannover 1969

25. Democratic Socialist Party: What it stands for? Why another party? The Need to Break the old Mouls of Irish Politics. Dublin o. J.

26. Department of Foreign Affairs (Hrsg.): Irland: eine Landeskunde (irische Originalausgabe: Facts about Ireland). Stuttgart Berlin Köln Mainz 1983

27. Deutscher Verband für Wohnungswesen, Städtebau und Raumplanung e. V. (Hrsg.): Landesplanung, Stadtplanung in Schottland und Irland. (= Schriften des Deutschen Verbandes für Wohnungswesen, Städtebau und Raumplanung e. V. - Heft). Köln 1966

28. Dowling, P. J.: A History of Irish Education. A study in conflicting loyalities. Cork 1971

29. Dunsany, Lord u. a.: Irish Short Stories. Irische Kurzgeschichten. München 2. Aufl. 1981

30. Employment and Immigration in Canada: Anual Report to Parliament on Future Immigration Levels. Ottawa 1984

31. Employment and Immigration in Canada: Facts about immigration inquiries. Ottawa 1985

32. Employment and Immigration in Canada: Immigartion 1985. Ottawa o. J.

33. Ferber, Christian: Das klassische Land der Auswanderer, in: Die Welt vom 7. November 1974

34. FitzGibbon, Theodora: A Taste of Ireland in Food and in Pictures. London 10. Aufl. 1983

35. Fleming, Thomas: Haben die Kelten Amerika entdeckt? in: Das Beste aus Reader's Digest. Nr. 4. April 1977. S. 25 - 30

36. Fr. Liam Ryan: Don't expect the red carpet! in: The Irish Post, 10. November 1979

37. Garvey, Donal: Irish Migration Flows - with particular emphasis on post-war flows between the United Kingdom and the Republic of Ireland. Dublin o. J.

38. Geitner, Dirk u. Peter Pulte: Die Verfassungen der Staaten in der Europäischen Gemeinschaft. München 1976

39. Great Britain and Ireland. The Nagel Travel Guide Series. Geneva Paris Munich 2. Aufl. 1966

40. Großbritannien und Irland. Nagels Reiseführer. Genf Hamburg London New York Paris 2. Aufl. 1963

41. Hand, Geoffrey J.: Irland, in: Sasse, Christoph (Hrsg.): Das Wahlrecht der Neun: Wahlsysteme in der Europäischen Gemeinschaft. Baden - Baden 1979, S. 147 - 170

42. Hanly, John: Oliver Plunkett. Dublin 1975

43. Happe, Hans Ulrich: Die Invasion von der Grünen Insel alljährlich zur Saure-Gurken-Zeit, in: Jülicher Volkszeitung vom 26. August 1982

44. Harbison, Peter: Guide to the National Monuments in the Republic of Ireland. Dublin 1971

45. Helfer, Walter: Hintergrund Irland. Sendemanuskript. Tagesthemen Nr. 1579 vom 27. März 1984

46. Herkens, Ernst: Grüne Insel im Zeichen des Kleeblatts, in: Aachener Volkszeitung vom 11. Mai 1985

47. Irland: Department of Foreign Affairs. Issued by the Department of Foreign Affairs. Dublin 1981

48. Irland: Education. Issued by the Department of Foreign Affairs. Dublin 1981

49. Irland: Judical System. Issued by the Department of Foreign Affairs. Dublin 1981

50. Irland: Kurzgefaßt. Issued by the Department of Foreign Affairs. Dublin 1979

51. Irland. Merian - Das Monatsheft der Städte und Landschaften. 12. Jahrgang. Heft 4. Hamburg 1959

52. Irland. Merian - Das Monatsheft der Städte und Landschaften. 29. Jahrgang. Heft 5. Hamburg 1976

53. Irland: The Irish Economy. Issued by the Department of Foreign Affairs. Dublin 1979

54. Irland: The Irish Language. Issued by the Department of Foreign Affairs. Dublin 1982

55. Ireland Today. Bulletin of the Department of Foreign Affairs 1984 ff.

56. Johann, A. E.: Irland. Heimat der Regenbogen. (Tb.) München 1984

57. Joyce, James: Dubliners. (Tb.) London 10. Aufl. 1984

58. Komission der Europäischen Gemeinschaften (Hrsg.): Regionales Entwicklungsprogramm Irland 1977 - 1980. Luxemburg 1979

59. Krog, Fritz (Hrsg.): Irische Elfenmärchen von Thomas Crofton Croker. Übersetzt und eingeleitet von den Brüdern Grimm. Illustriert von William Henry Brooke (engl. Originalausgabe: Fairy Legends and Traditions of the South of Ireland). Frankfurt (Main) Berlin Wien 1980

60. Kuhn, Werner: Atlantische Inselfahrt. Vom Wendekreis bis zum Eismeer. Bern 1956

61. Kunz, Hans: Irland. Grünes Vorland im Atlantik. Olten 1971

62. Küpper, Utz Ingo: Regionale Geographie und Wirtschaftsförderung in Großbritannien und Irland. Wiesbaden 1970

63. Lagoni, Rainer: Die politischen Parteien im Verfassungssystem der Republik Irland (= Parlamente und Parteien. Herausgegeben vom Institut für internationales Recht an der Universität Kiel. Band 5). Frankfurt (Main) 1973

64. Lange, Helmut: Bauern, Priester, Bombenleger - Irlands Geschichte - Irlands Leidensweg. Sendemanuskript. Prod.-Nr. 6486/0119. Sendung des 2. Deutschen Fernsehns

65. Learning English. Ausgabe B. Teil 2. Bearbeitet von Karl Beilhardt u. a. Stuttgart 2. Aufl. 1973

66. Lyons,F.S.L.:Ireland since the Famine.(Tb.) Glasgow 2. Aufl. 1974

67. Mackenzie, A. A.: The Irish in Cape Breton. Antigonish 1979

68. Martineau, Gilbert R. (Ed.): Great Britain and Ireland. The Nagel Travel Guide Series. Paris Geneva New York 1953

69. McElligott, T. J.: Secondary Education in Ireland 1870 - 1921. County Dublin 1981

70. McEntee, John: Seventy Youngsters are now taking the boat every day, in: The Irish Press vom 31. Juli 1984

71. Merkblätter für Auslandstätige und Auswanderer: Irland. Herausgegeben vom Bundesverwaltungsamt. Köln 1981

72. Minister of Supply and Services: Canada's Immigartion law - an overview. Ottawa 1983

73. Minister of Supply and Services Canada: The Canadian Family Tree. Ottawa 1979

74. Munzinger - Archiv/Int. Handbuch 44/83: Irland. Ravensburg 1983

75. O'Brian, Edna: Mein Irland. (eng. Originalausgabe: Mother Ireland). Göttingen 1985

76. O'Brian, Robert: Komm mit nach Irland, in: Das Beste aus Reader's Digest. Nr. 8. August 1972. S. 70 - 75

77. O'Casey, Sean: Autobiographie I. - VI. (Tb.) Zürich 1978

78. O'Casey, Sean: Dubliner Trilogie. (Tb.) Zürich 1982

79. Ontario Ministry of Culture and Recreation: Ontario Ethnocultural profiles. Irish. Toronto o. J

80. Orme, A. R.: The World's Landscapes Band 4 Ireland. London 2. Aufl. 1976

81. Oslender, Frowien (Hrsg.): Irische Miniaturen. Zwölf farbige Bilder aus Handschriften irischer Mönche. Hamburg 1957

82. Pearse, Padraic: Plays Stories Poems. Dublin 1980

83. Pfister, Kurt: Irische Buchmalerei. Nordeuropa und Christentum in der Kunst des frühen Mittelalters. Potsdam 1927

84. Plunkett, James: Manche sagt man, sind verdammt (engl. Originalausgabe: Strumped City). (Tb.) Reinbeck bei Hamburg 2. Aufl. 1981

85. Pollock, George: Das Evangelienbuch von Kells, in: Das Beste aus Reader's Digest. Nr. 10. Oktober 1976 S. 30 - 35

86. Polyglott - Reiseführer: Irland. München 10. Aufl. 1981/82

87. Quoirin, Marianne: Die Paten des irischen Terrors, in: Frankfurter Allgemeine Zeitung vom 27. 2. 198

88. Rasch, Hannelore: Ein Lob der Kartoffel! in: Das Beste aus Reader's Digest. Nr. 7. Juli 1979 S. 57 - 61

89. Ratushny, Ed: A New Refugee Status Determination Process for Canada. Ottawa 1984

90. Rees, Henry: The British Isles. Regional Geography. London 2. Aufl. 1972

91. Retler, Wolfgang: Irland. Insel der Ruhe. Wien 1975

92. Review of Immigration Policy. Policy Announcements 2 October 1973 to 7 May 1974. Presented to the House of Representatives by Leave. Wellington 1983

93. Robinson, W. G.: Illegal Migrants in Canada. Ottawa 1983

94. Rochford, David: Ein Ostermorgen in Irland, in: Das Beste aus Reader's Digest. Nr. 4. April 1979 S. 106 - 108

95. Röhr, Heinz: The English Companion. Frankfurt (Main) Berlin München 6. Aufl. 1971

96. Shadbolt, Maurice: Liebenswertes Dublin, in: ReaderPE's Digest. Nr. 7. Juli 1985

97. Share, Bernhard: Tan Gaucho como los Gauchos: The Irish in Argentina. o. O. o. J.

98. Statistisches Bundesamt: Datenreport. Zahlen und Fakten über die Bundesrepublik Deutschland (= Schriftenreihe der Bundeszentrale für Politische Bildung. Band 195). Bonn 1983

99. Statistisches Bundesamt Wiesbaden (Hrsg.): Allgemeine Statistik des Auslandes. Länderkurzberichte Großbritannien und Nordirland. Stuttgart Mainz 1976

100. Statistisches Bundesamt Wiesbaden (Hrsg.): Allgemeine Statistik des Auslandes. Länderkurzberichte Irland. Stuttgart Mainz 1975

101. Stewig, Reinhard: Funktion und Entwicklung (= Schriften des Geographischen Institutes der Universität Kiel. Herausgegeben von O. Schmieder W. Lauer, H. Blume u. H. Schlenger. Band XVIII - Heft 2) Kiel 1959

102. Studienführer Irland. Hrsg. vom Deutschen Akademischen Auslandsdienst (DAAD). Bonn 2. Aufl. 1979

103. Tieger, Manfred P.: Irland. Die grüne Insel. Mit praktischen Hinweisen für Touristen und "Auswanderer". München 1985

104. Verschiedene Artikel aus: Der Spiegel 1980 ff.

105. Verschiedene Artikel aus: Newsweek 1985 ff.

106. Verschiedene Artikel aus: The Irish Times

107. Wagner, Margit: Ireland. Passau 1963

108. Watson, J. W. (Ed.): The British Isles. A Systematic Geography. London 1965

109. Werkmeister, Otto-Karl: Irisch-northumbrische Buchmalerei des 8. Jahrhunderts und monastische Spiritualität. Berlin 1967

110. Wolfe Tones: Let The People Sing. o. O. 1973

111. Woodham-Smith, Cecil: The Great Hunger (Auszugsweise zugesandt vom Office of the Minister for the Public Service)

112. Ziegler, Wolfgang: Irland. Kunst, Kultur und Landschaft. Entdeckungsfahrten zu den Kunststätten der "Grünen Insel". Köln 1974

11.2. Literatur zum Nordirlandkonflikt

1. Boraker, Robert C.: Ireland. Devided by fear and hatred, in: The Plain Truth. April 1982 S. 14 - 16, 28 - 29

2. Boraker, Robert C.: When Peace Comes to Ireland, in: The Plain Truth. Oktober 1984 S. 22 - 26

3. Buckland, Patrick: The Anglo-Irish and the new Ireland 1885 - 1922. Irish Unionism: One Dublin 1972

4. Buckland, Patrick: Ulster Unionism and the Origins of Northern Ireland 1886 - 1922. Irish Unionism: Two. Dublin 1973

5. Central Office of Information (Hrsg.): Nordirland. London and Andover 1981

6. Greaves, C. Desmond: Die irische Krise. (engl. Originalausgabe: The Irish Crises). Frankfurt (Main) 1977

7. Hermle, Reinhard: Der Konflikt in Nordirland. Ursachen, Ausbruch und Entwicklung unter besonderer Berücksichtigung des Zeitraumes 1963 - 1972. Eine Fallstudie zum Problem innergesellschaftlicher politischer Gewalt. München und Mainz 1979

8. Hermle, Reinhard (Hrsg.): Konflikt und Gewalt. Texte zur Lage in Nordirland 1972 - 1974. München und Mainz 1976

9. Holden, David: Hexenkessel Londonderry, in: Das Beste aus Reader's Digest Nr. 1. Januar 1970. S. 130 - 144

10. Kirstein, Gregor OP: Religionskrieg in Nordirland? Der eigentliche Hintergrund der Krise. Sonderdruck aus: Die Neue Ordnung Heft 3/1972 S. 161 - 184. Paderborn 1972

11. Magee, John:.Northern Ireland: Crises and Conflict. London Boston 1974

12. Nordirland. Vorschläge für eine Verfassung. Hrsg. vom Reference Services, Publications Devision, Central Office of Information. London 1982

13. Reed, David: Nordirland. Anatomie eines Bürgerkrieges, in: Das Beste aus Reader's Digest Nr. 6. Juni 1975. S. 163 - 207

14. Reed, David: Nordirlands blutiges Dilemma, in: Das Beste aus Reader's Digest Nr. 3. März 1972. S. 69 - 82

15. Stadler, Klaus: Nordirland-Analyse eines Bürgerkrieges. München 1979

16. von Krosigk, Friedrich: Der Nordirlandkonflikt. Dynamische Dimensionen einer Politischen Dauerkrise, in: aus Politik und Zeitgeschichte. beilage zur wochenzeitung das parlament. B 23/81 vom 6. Juni 1981, S. 3 - 19

11.3. Lexika

1. Brockhaus Enzyklopädie. 9.Band: Ill - Kas Wiesbaden 17.Aufl.1970
2. Der Grosse Herder.4.Band: Georg bis Italien Freiburg 5.Aufl.1954
3. Meyers Grosses Taschenlexikon in 24 Bänden. Herausgegeben und bearbeitet von der Lexikonredaktion des Bibliographischen Insti-tuts. Band 10: Ho - Iz. Mannheim Wien Zürich 1981

12. Anhang

Das von mir für den Anhang ausgesuchte Material gliedert sich in fünf Teilbereiche.

Aus dem Bulletin of the Department of Foreign Affairs, Ireland Today habe ich den Wortlaut des Agreement between The Government of Ireland and The Government of the United Kingdom übernommen.

Aus einer anderen Ausgabe von Ireland Today stammen die folgenden Seiten, auf denen über einen Besuch des Taoiseach Dr. Garret Fitz-Gerald in den Vereinigten Staaten berichtet wird.

Im dritten Bereich führe ich einige Zeitungsartikel aus der Irish Press, der Irish Times und der Frankfurter Allgemeinen Zeitung an, in denen sich die Autoren zu Irlandthemen äußern.

Daran schließen sich unterschiedliche Tabellen an, die Aussagekraft zum Thema Emigration besitzen.

Auf den letzten Seiten des Anhangs habe ich einige Anzeigen aus bun-desdeutschen Zeitschriften zusammengestellt, auf denen für Irland ge-worben wird.

Ich hoffe, daß der Anhang zur weiteren Information beiträgt.

Ireland Today Special, November 1985   Iris na Roinne Gnóthaí Eachtracha   Bulletin of the Department of Foreign Affairs

Dr FitzGerald and Mrs Thatcher signing the Anglo-Irish Agreement.

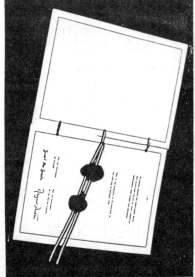

The final page of the Anglo-Irish Agreement showing the two signatures and the official seals.

Ireland Today Special, November 1985   Iris na Roinne Gnóthaí Eachtracha   Bulletin of the Department of Foreign Affairs

AGREEMENT
between
THE GOVERNMENT OF IRELAND
and
THE GOVERNMENT OF THE
UNITED KINGDOM

The Government of Ireland and the Government of the United Kingdom:

Wishing further to develop the unique relationship between their peoples and the close co-operation between their countries as friendly neighbours and as partners in the European Community;

Recognising the major interest of both their countries and, above all, of the people of Northern Ireland in diminishing the divisions there and achieving lasting peace and stability;

Recognising the need for continuing efforts to reconcile and to acknowledge the rights of the two major traditions that exist in Ireland, represented on the one hand by those who wish for no change in the present status of Northern Ireland and on the other hand by those who aspire to a sovereign united Ireland achieved by peaceful means and through agreement;

Reaffirming their total rejection of any attempt to promote political objectives by violence or the threat of violence and their determination to work together to ensure that those who adopt or support such methods do not succeed;

Recognising that a condition of genuine reconciliation and dialogue between unionists and nationalists is mutual recognition and acceptance of each other's rights;

Recognising and respecting the identities of the two communities in Northern Ireland, and the right of each to pursue its aspirations by peaceful and constitutional means;

Reaffirming their commitment to a society in Northern Ireland in which all may live in peace, free from discrimination and intolerance, and with the opportunity for both communities to participate fully in the structures and processes of government;

Have accordingly agreed as follows:

A
STATUS OF NORTHERN IRELAND

ARTICLE 1

The two Governments

(a) affirm that any change in the status of Northern Ireland would only come about with the consent of a majority of the people of Northern Ireland;

(b) recognise that the present wish of a majority of the people of Northern Ireland is for no change in the status of Northern Ireland;

(c) declare that, if in the future a majority of the people of Northern Ireland clearly wish for and formally consent to the establishment of a united Ireland, they will introduce and support in the respective Parliaments legislation to give effect to that wish.

B
THE INTERGOVERNMENTAL CONFERENCE

ARTICLE 2

(a) There is hereby established, within the framework of the Anglo-Irish Intergovernmental Council set up after the meeting between the two Heads of Government on 6 November 1981, an Intergovernmental Conference (hereinafter referred to as "the Conference"), concerned with Northern Ireland and with relations between the two parts of the island of Ireland, to deal, as set out in this Agreement, on a regular basis with

(i) political matters;

(ii) security and related matters;

(iii) legal matters, including the administration of justice;

(iv) the promotion of cross-border co-operation.

(b) The United Kingdom Government accept that the Irish Government will put forward views and proposals on matters relating to Northern Ireland within the field of activity of the Conference in so far as those matters are not the responsibility of a devolved administration in Northern Ireland. In the interest of promoting peace and stability, determined efforts shall be made through the Conference to resolve any differences. The Conference will be mainly concerned with Northern Ireland; but some of the matters under consideration will involve co-operative action in both parts of the island of Ireland, and possibly also in Great Britain. Some of the proposals considered in respect of Northern Ireland may also be found to have application by the Irish Government. There is no derogation from the sovereignty of either the Irish Government or the United Kingdom Government, and each retains responsibility for the decisions and administration of government within its own jurisdiction.

ARTICLE 3

The Conference shall meet at Ministerial or official level, as required. The business of the Conference will thus receive attention at the highest level. Regular and frequent Ministerial meetings shall be held; and in particular special meetings shall be convened at the request of either side. Officials may meet in subordinate groups. Membership of the Conference and of sub-groups shall be small and flexible. When the Conference meets at Ministerial level an Irish Minister designated as the Permanent Irish Ministerial Representative and the Secretary of State for Northern Ireland shall be joint Chairmen. Within the framework of the Conference other Irish and British Ministers may hold or attend meetings as appropriate: when legal matters are under consideration the Attorneys General may attend. Ministers may be accompanied by their officials and their professional advisers: for example, when questions of security policy or security co-operation are being discussed, the Chief Constable of the Royal Ulster Constabulary may be present; or when questions of economic or social policy or cross-border co-operation are being discussed, they may be accompanied by officials of the relevant Departments. A Secretariat shall be established by the two Governments to service the Conference on a continuing basis in the discharge of its functions as set out in this Agreement.

ARTICLE 4

(a) In relation to matters coming within its field of activity, the Conference shall be a framework within which the Irish Government and the United Kingdom Government work together

(i) for the accommodation of the rights and identities of the two traditions which exist in Northern Ireland; and

(ii) for peace, stability and prosperity throughout the island of Ireland by promoting reconciliation, respect for human rights, co-operation against terrorism and the development of economic, social and cultural co-operation.

(b) It is the declared policy of the United Kingdom Government that responsibility in respect of certain matters within the powers of the Secretary of State for Northern Ireland should be devolved within Northern Ireland on a basis which would secure widespread acceptance throughout the community. The Irish Government support that policy.

(c) Both Governments recognise that devolution can be achieved only with the co-operation of constitutional representatives within Northern Ireland of both traditions there. The Conference shall be a

C
POLITICAL MATTERS

ARTICLE 5

(a) The Conference shall concern itself with measures to recognise and accommodate the rights and identities of the two traditions in Northern Ireland, to protect human rights and to prevent discrimination. Matters to be considered in this area include measures to foster the cultural heritage of both traditions, changes in electoral arrangements, the use of flags and emblems, the avoidance of economic and social discrimination and the advantages and disadvantages of a Bill of Rights in some form in Northern Ireland.

(b) The discussion of these matters shall be mainly concerned with Northern Ireland; but the possible application of any measures pursuant to this Article by the Irish Government in their jurisdiction shall not be excluded.

(c) If it should prove impossible to achieve and sustain devolution on a basis which secures widespread acceptance in Northern Ireland, the Conference shall be a framework within which the Irish Government may, where the interests of the minority community are significantly or especially affected, put forward views and proposals on the modalities of bringing about devolution in Northern Ireland, in so far as they relate to the interests of the minority community, on the security situation in so far as they relate to the interests of the minority community, and to the policy issues, which are within the purview of the Northern Ireland Departments and which remain the responsibility of the Secretary of State for Northern Ireland.

ARTICLE 6

The Conference shall be a framework within which the Irish Government may put forward views and proposals on the role and composition of bodies appointed by the Secretary of State for Northern Ireland and by Departments subject to his direction and control including

the Standing Advisory Commission on Human Rights;

the Fair Employment Agency;

the Equal Opportunities Commission;

the Police Authority for Northern Ireland;

the Police Complaints Board.

D
SECURITY AND RELATED MATTERS

ARTICLE 7

(a) The Conference shall consider

(i) security policy;

(ii) relations between the security forces and the community;

(iii) prisons policy.

(b) The Conference shall consider the security situation at its regular meetings and thus provide an opportunity to address policy issues, serious incidents and forthcoming events.

(c) The two Governments agree that there is a need for a programme of special measures in Northern Ireland to improve relations between the security forces and the community, with the object in particular of

6

making the security forces more readily accepted by the nationalist community. Such a programme shall be developed, for the Conference's consideration, and may include the establishment of joint programmes for the training in concert of local security forces, and the training in community relations, crime prevention schemes involving the community, improvements in arrangements for handling complaints, and action to increase the proportion of members of the Royal Ulster Constabulary. Elements of the programme may be considered by the Irish Government suitable for application within their jurisdiction.

(d) The Conference may consider policy issues relating to prisons. Individual cases may be raised as appropriate, so that information can be provided or inquiries instituted.

E. LEGAL MATTERS INCLUDING THE ADMINISTRATION OF JUSTICE

ARTICLE 8

The Conference shall deal with issues of concern to both countries relating to the enforcement of the criminal law. In particular it shall consider whether there are areas of the criminal law applying in the North and in the South respectively which might with benefit be harmonised. The two Governments agree on the importance of public confidence in the administration of justice. The Conference shall seek, with the help of advice from experts as appropriate, measures which would give substantial expression to this aim, considering inter alia the possibility of mixed courts in both jurisdictions for the trial of certain offences. The Conference shall also be concerned with policy aspects of extradition and extra-territorial jurisdiction as between North and South.

F. CROSS-BORDER CO-OPERATION ON SECURITY, ECONOMIC, SOCIAL AND CULTURAL MATTERS

ARTICLE 9

(a) With a view to enhancing cross-border co-operation on security matters, the Conference shall set in hand a programme of work to be undertaken by the Commissioner of the Garda Síochána and the Chief Constable of the Royal Ulster Constabulary and, where appropriate, groups of officials, in such areas as threat assessments, exchange of information, liaison structures, technical co-operation, training of personnel, and operational resources.

(b) The Conference shall have no operational responsibilities; responsibility for police operations shall remain with the heads of the respective police forces, the Commissioner of the Garda Síochána maintaining his links with the Minister for Justice and the Chief Constable of the Royal Ulster Constabulary his links with the Secretary of State for Northern Ireland.

ARTICLE 10

(a) The two Governments shall co-operate to promote the economic and social development of those areas of both parts of Ireland which have suffered most severely from the consequences of the instability of recent years, and shall consider the possibility of securing international support for this work.

(b) If it should prove necessary or helpful for this purpose to establish a framework for the promotion of co-operation between the two parts of Ireland concerning cross-border aspects of economic, social and cultural matters in relation to which the Secretary of State for Northern Ireland continues to exercise authority, the

---

(d) If responsibility is devolved in respect of certain matters in the economic, social or cultural areas currently within the responsibility of the Secretary of State for Northern Ireland, machinery will need to be established by the responsible authorities in Ireland and Northern Ireland to provide for practical co-operation in respect of cross-border aspects of these issues.

G. ARRANGEMENTS FOR REVIEW

ARTICLE 11

At the end of three years from signature of this Agreement, or earlier if requested by either Government, the working of the Conference shall be reviewed by the two Governments to see whether any changes in the scope and nature of its activities are desirable.

H. INTERPARLIAMENTARY RELATIONS

ARTICLE 12

It will be for Parliamentary decision in Dublin and in Westminster whether to establish an Anglo-Irish Parliamentary body of the kind adumbrated in the Anglo-Irish Studies Report of November 1981. The two Governments agree that they would give support as appropriate to such a body, if it were to be established.

I. FINAL CLAUSES

ARTICLE 13

This Agreement shall enter into force on the date on which the two Governments exchange notifications of their acceptance of this Agreement.

In witness whereof the undersigned, being duly authorised thereto by their respective Governments, have signed this Agreement.

Done in two originals at Hillsborough on the 15th day of November 1985.

For the Government
of Ireland

Garret FitzGerald

For the Government
of the United Kingdom

Margaret Thatcher

ANGLO-IRISH SUMMIT MEETING 15 NOVEMBER 1985 JOINT COMMUNIQUE

Anglo-Irish Agreement 1985

1. The Taoiseach, Dr. Garret FitzGerald TD and the Prime Minister, the Rt Hon Mrs Margaret Thatcher FRS MP, met on 15 November 1985 at Hillsborough. This was the third meeting of the Anglo-Irish Intergovernmental Council to be held at the level of Heads of Government.

2. The Taoiseach was accompanied by the Tánaiste, Mr Dick Spring TD, and the Minister for Foreign Affairs, Mr Peter Barry TD. The Prime Minister was accompanied by the Secretary of State for Foreign and Commonwealth Affairs, the Rt Hon Sir Geoffrey Howe QC, MP, and the Secretary of State for Northern Ireland, the Rt Hon Tom King MP.

3. The Taoiseach and the Prime Minister signed a formal and binding Agreement between the two Governments which will enter into force as each Government has notified the other of its acceptance. The Agreement has as its major aims the promotion of peace and stability in Northern Ireland, helping to reconcile the two major traditions in Ireland, creating a new climate of friendship and co-operation between the people of the two countries and improving co-operation in combatting terrorism.

4. The Agreement deals in particular with the status of Northern Ireland and the establishment of an Intergovernmental Conference in which the Irish Government will put forward views and proposals concerning stated aspects of Northern Ireland affairs, with the promotion of cross-border co-operation in all its aspects and in which determined efforts will be made to resolve any differences between the two Governments.

5. The Taoiseach and the Prime Minister committed themselves to implementing the Agreement and the measures set out in the Agreement with determination and energy and undertook to encourage the people of both the unionist and nationalist traditions to make new efforts to understand and respect each other's concerns with a view to promoting reconciliation.

---

6. The exchange of notifications of acceptance will not be completed until the Agreement is also approved by Dáil Éireann and by the British Parliament. The two Governments intend that action to implement the provisions of the Agreement should begin once the exchange of notifications has been completed. The first meeting of the Intergovernmental Conference will take place as soon as possible thereafter. The Irish side will be led by the Minister designated as the Permanent Irish Ministerial Representative and the British side will be led by the Secretary of State for Northern Ireland.

7. The two Governments envisage that the meetings and agenda of the Conference will not normally be announced. But they wish it to be known that, at its first meeting, the programme of work in all the fields – political, security, legal, economic, social and cultural – which is under the Agreement, it will concentrate at its initial meetings on:

(a) ways of understanding the policy of the Conference will take place as soon as possible thereafter. The Irish side will be led police presence in all operations which involve direct contact with the community;

(b) ways of understanding the policy of the Armed Forces in Northern Ireland and ensuring that they discharge their duties even-handedly and with equal respect for the unionist and nationalist identities and traditions;

8. In its discussion of the enhancement of cross-border co-operation on security, the first meeting of the Intergovernmental Conference will give particular attention to the importance which both Governments attach to enhanced co-operation as envisaged in Article 9(a) of the Agreement, in the policing of border areas.

9. In addition to concluding the new Agreement, the Taoiseach and the Prime Minister reviewed the range of work being done under the auspices of the Anglo-Irish Intergovernmental Council to develop further the unique relationship between the two countries. The fact that in the past year there have been more than twenty meetings between Ministers of the two Governments demonstrates the close-ness of co-operation. The Taoiseach and the Prime Minister decided that this work should be actively continued, in the interest of friendship between all the people of both countries.

10. In addition to concluding the new Agreement, the Taoiseach and the Prime Minister

11. The Taoiseach and the Prime Minister agreed to meet again at an appropriate time to take stock of the development of Anglo-Irish relations between the two countries and of the implementation of the Agreement which they have signed.

(a) the application of the principle that the Armed Forces (which include the Ulster Defence Regiment) operate only in support of the civil power, with the particular objective of ensuring as rapidly as possible that, save in the most exceptional circumstances, there is a police presence in all operations which involve direct contact with the community;

Occasions may arise, however, on which it was not held at Hillsborough after one meeting of the Agreement. PHOTO GRÁS: BRIACHEHART

7

The Taoiseach in discussion with President Reagan in the Oval Office

Vice President George Bush addressing guests at the gala dinner at the Sheraton Hotel Ruised by the Taoiseach

On Capital Hill The Taoiseach with Speaker John O'Neill, Majority Leader Jim Wright, Minority Leader Robert Michel and Majority Whip Congressman Tom Foley

Published as a supplement to Ireland Today by the Department of Foreign Affairs, Dublin.

Cleveland Plain Dealer (13 March)

...the New Ireland Forum is a brave venture in the democratic tradition. FitzGerald, who has an active participant in it, should be welcomed... and the US is seeking Irish unity through peaceful means. Americans should heed his appeal to cut off the dollar pipeline to terrorists.

Washington Post (14 March)

Is there a role for the United States in promoting peace in Ireland? ...As long term and close friends of Irish — and Irish religions — and of the British, Americans should encourage their efforts to resolve the conflict. The work of the New Ireland Forum represents a good start.

Chicago Tribune (15 March)

Irish Prime Minister Garret FitzGerald is visiting the United States in part to encourage President Reagan to use his considerable influence on the British to move toward solving the Ulster problem in a way acceptable to all Irishmen, but also to make clear an important message: if you value the lives and freedom of all Irish men and women and children, do not give money or support that has the remotest chance of assisting these murderous fanatics.

San Francisco Examiner (18 March)

FitzGerald urged Americans to withhold financial and moral support from those who advocate violence for political ends in Ireland. The scholarly visitor from Dublin noted that all sides share blame for Northern Ireland, and asked for US encouragement in reaching peaceful solutions.

The New York Times (18 March)

Garret FitzGerald, Ireland's Prime Minister, came to America to offer a vision of Irish nationalism very different from the one that usually dominates the headlines... The bitter-enders have so far wholly prevailed over diplomacy and reason. And that makes all the more admirable Mr FitzGerald's new tack. For he has come to talk about the New Ireland Forum he has created to put forward sensible proposals for easing the situation... lowering the barriers between the two Irelands.

New York Daily News (17 March)

The parties in the Forum represent at least 90% of Irish Catholics, and if they agree, it will be impossible for the British to ignore them ... faced with serious and constructive proposals, the British should be able at least to reconsider their unconditional guarantee to the Unionists'.

The Boston Globe (17 March)

FitzGerald appealed to Americans not to support Adams and his fellow extremists in Ireland who seek to get their way by terror and who, if successful, would substitute a Marxist dictatorship for democracy through all of Ireland. This message was not new because it was identical with the advice of previous Irish prime ministers... Responsible British opinion is coming to recognize that unless the Northern Ireland problem can be resolved, the whole of ■ Ireland could be destabilized.

IRELAND TODAY
A Message of Hope

Address by the Taoiseach, Dr Garret FitzGerald TD, to Joint Meeting of Congress, March 15, 1984

Photo DERRY

Mr Speaker, Mr President, distinguished members of the Congress of the United States, with the Irish hospitality for which America is renowned, you have been good enough to invite me to address you in the week of Saint Patrick — *Féile Pádraig* in the language of the Gael. On behalf of the Irish people, close, as always, in feeling to their American cousins, I thank you for this honour.

This is the second time in eight years you have paid tribute in this way, by hearing from this dais the head of an Irish government, in celebration of the friendship and comradeship that binds our two peoples. The tradition is a long one,

going back over a century to the year 1880, when you offered a platform to one of the first people from outside the United States ever permitted to address this Congress, the great Irish leader, Charles Stewart Parnell.

I have said that we are cousins our countries are linked by a special relationship, not built on mutual calculations of interest, but on human links of kinship and friendship a unique relationship founded primarily and profoundly on people. The family relationship, which is at its heart, links Americans, but at this week of each year, the whole people of this great country become our friends for 51 weeks in the year, become our two peoples. The tradition is a long one,

The Taoiseach's visit to the United States 1984

The Taoiseach and Mrs FitzGerald with President and Mrs Reagan at the White House.

The Taoiseach and Senator Edward Kennedy.

The Taoiseach (prime minister), Dr Garret FitzGerald TD, visited the US from 6 to 16 March 1984. At the outset he confirmed the outstanding success of his visit. Dr FitzGerald's objective was twofold. Firstly he was able to bring a message of hope to the American public on Northern Ireland. He believed that the work of the New Ireland Forum could provide the basis on which a solution to the problem could be constructed. The enthusiasm with which his message was received convinced him that a positive outcome from the Forum could create a new cohesion among the Irish-American community. His other objective was to report on Ireland's substantial progress on the economic front and highlight the industrial investment opportunities and advantages which Ireland provides for American firms.

At the Waldorf Astoria reception, Consul General Jim Flavin, the Taoiseach, Mrs Moynihan, Senator Moynihan and Ambassador Tadhg O'Sullivan.

The Taoiseach and his party travelled to Washington on 6 March at the special invitation of President Reagan where he

had discussions with leading members of the Administration including the Vice President, George Bush, the Secretary of the Treasury, Donald Regan, the Secretary of State George Shultz, the Secretary for Agriculture, John R. Block, US Trade Representative William Brock, and Secretary of the Interior, William Clark. On Capitol Hill the Taoiseach met with public representatives including members of the Friends of Ireland group led by Speaker Thomas P. O'Neill. On the evening of 14 March Dr FitzGerald hosted a gala dinner for distinguished representatives of American political, economic, academic and cultural life, including Vice President Bush.

The highlight of the Taoiseach's visit was the occasion of his address to the joint session of Congress on 15 March. In his speech Dr FitzGerald spoke of the historical links between Ireland and America, the efforts of the Irish govern-

ment through the New Ireland Forum to work towards an eventual solution to the problem of Northern Ireland and the role which the US could play in helping to reach an overall settlement of the tragic conflict there. Following his address to Congress he was guest of honour at a reception organised by the Friends of Ireland and later at a lunch hosted by Thomas P. O'Neill, Speaker of the House of Representatives.

On the final day of his American visit Dr FitzGerald met with President Reagan at the White House. In his remarks following the lunch given in honour of the Taoiseach, President Reagan again reaffirmed his deep interest and concern for a peaceful reconciliation of the two communities in Northern Ireland. Based on a peaceful reconciliation of the Taoiseach in describing his expectations of the outcome of the New Ireland Forum.

Le FitzGerald with Thomas P O'Neill, Speaker of the House of Representatives.

In New York, prior to his departure for Washington, the Taoiseach paid a courtesy visit to Mr Perez de Cuellar, Secretary General of the United Nations. He also met with Mayor Ed Koch, influential members of the business community, the media and the Irish-American community. On 12 March Dr FitzGerald hosted a reception for the Irish-American community at the Waldorf Astoria Hotel. In his address he acknowledged the unparalleled fund of goodwill that Ireland has in the United States - goodwill that derives from the strength of the links between Ireland and her emigrants and their descendants. The keynote of this speech focused on the practical ways in which the genuine concern of Irish-Americans about the situation in Northern Ireland could best be channelled. He cited examples of those organisations whose fundraising activities he could wholeheartedly endorse. He listed these organisations as the Glencree Centre for Reconciliation, The Co-operation

North Community, Ireland Corporation North, The Interchurch Emergency Fund, The Irish American Cultural Institute and the newly-launched Ireland Fund, The St Patrick's Cathedral Restoration Fund. The Taoiseach emphasised that many Irish-Americans felt a growing frustration about the tragedy of Northern Ireland but he cautioned against supporting solutions which are too simplistic and which do not take into account the full complexity of the problems that exist. In presenting the position of the Irish government he said: "We have consistently sought by means of dialogue and conciliation to end the dissension in our country. I am sure that most of you are aware of the important initiative taken last year which resulted in the establishment of the New Ireland Forum in Dublin. Whatever the outcome [of the Forum] may be, we can say at this stage that a wholehearted effort has been made to seek a path leading to peace and stability in our island. An honest attempt

The Taoiseach addressing leaders of the Irish- American community in New York.

The Taoiseach with Mr Jim Brady, Press Secretary to the President.

Secretary of State George Shultz with the Taoiseach.

The Taoiseach meeting Congressman James Shannon and Mrs Shannon on Capitol Hill.

has been made to understand more fully the genuine and deep-seated fears and concerns of the unionist community in Northern Ireland and assess how these can be met."

At a dinner for prominent US industrialists at the Union League Club, New York, on 12 March, the Taoiseach spoke in detail on the Irish economy in recent years and its potential for the future. Welcoming further investment from America Dr FitzGerald spoke of the existing level of commitment by US companies to Ireland where they now employ some 27,000 people and pointed to the fact that Ireland has consistently proved to be the most profitable location in Europe for American firms for the past number of years.

6

White House, 16 March 1984 – Toast by President Reagan

Reply by the Taoiseach

PHOTO: DERIN

The Taoiseach speaking at the New York offices of Córas Tráchtála (the Irish Export Board).

PHOTO: TOM MATTHEWS PHOTOGRAPHY

Message from the Friends of Ireland for St Patrick's Day, 17 March 1984

Investment and Ireland

Inside Report ...on the emigration tragedy

Seventy youngsters are now taking the boat EVERY day

THERE is a new form of emigration under-
way. With no jobs for youngsters at home,
more and more of them are now heading
for London — about 70 a day at present.
Some are lucky. But the majority find the
going very tough and soon need help.
JOHN McENTEE reports from London on
a growing problem.

Amid the smell of diesel
and rubber at the back of
Victoria Station in London
today, the cheap coach from
the Irish ferry will disgorge
a further batch of Irish
youngsters ready to climb
aboard the grim conveyer
belt of Irish emigration —
1984 style.

Today, and everyday, an
estimated 20 girls and 50
boys are arriving in the
British capital from Ireland.
Many of them will have dog-
eared envelopes bearing the
name and address of an
auntie in Leytstone or an
older sister in Harlesden.

Some will plant their feet
for the first time on the
London pavement without
money or identification, or the
comforts of a home. Others are
going to cope in this giant
impersonal concrete jungle.

These kids walk away
from Victoria Station into a
life of destitution or crime and
who knows what else. A small
number of them — an average
of about seven a day seek help
from the welfare services of the
Irish Centre in Camden Town.

The constant procession of
confused youngsters, into the
Camden Town building has
alarmed social workers there
and sounded alarm bells
throughout the London welfare
scene. Put simply, it has confirmed that emigration from
Ireland is now not a measure
scale. No one is more of the
numbers but one experienced
social worker pressed that up
to 70 people under the age of
25 are currently arriving from
Ireland every single day.

"We need an all-out effort
to stem this flow or at least
control it," Sr Joan Moriarty of
the Irish Centre told me this
week. "Our previous warnings
don't seem to have percolated
through at home. This is not a
bandwagon, it is a huge and
major problem."

Sr Joan showed me the
statistics for June. In that
month alone, 230 Irish men
and women sought help from
her and her two overworked
assistants. There were 184
males and 53 females.

"We are stretched to the
limits. We could do with two
more workers just to cope with
the situation as it is now," she
said.

To give a perspective on the
problem. Sr Joan showed me
her figures for the full year
of 1982. Between January and
December her department
dealt with 734 new cases. That
figure has been exceeded by
the number of cases in the
first six months of 1984. A
total of 786 young people have
found their way to Camden
Town in search of work, accommodation, money and support.

"Many of those who arrive
are experiencing real destitution. They have no money, no
identification, no clothing,
they're homeless and hungry
and without a job. That in my
opinion is total destitution."

As we spoke, Sr Joan
received an urgent telephone
call asking of a social worker
could attend a case that day
in a city centre magistrates
court. Two recently arrived
young men were facing a theft
charge. There was no one to
send.

Bed and breakfast

The number of Irish
youngsters in the bed and
breakfast hotels around Victoria and Paddington is really
colossal There are examples of
real poverty where the boys
and girls steal.

"Every case requires about
50 telephone calls just to try
and find a job. And even then
the job may last a week. We
try and put the youngster's welfare into our hands, for a short time
and get them established, then
we have to move them all to
make way for the new influx.

The crisis of this modern
flight of the young grew has
prompted Sr Joan and other
welfare workers to form a
task force to deal with the
problems at a number of levels.
Called Action Group for
Irish Young (AGIY), and made
up of representatives from a
range of social organisations,
it wants to bring it home to
Irish politicians, educators and
families that all is not rosy
on the streets of London.

"We want to challenge the
still prevalent myth that there
is plenty of employment here.
At this moment, the message
is clear to young people — do
not come to London and if you
must come, be prepared."

The group is preparing an
education pack to be used in
Irish schools in the hope that
school leavers will know the
facts before they take the
emigrant boat.

"If the politicians in Ireland
are saying that emigration is
the only alternative to unemployment at home, and some
of them seem to be saying that,
then we have got to educate

the people and allow the
youngsters to make an
informed choice," Sr Joan
stressed.

"It's almost certain that
there is going to be an
increase over the next number
of years in the number of
skilled and unskilled people
leaving the country. Most
people in Ireland are not
aware of the situation. It has
to be raised at church and
school level."

Pressure on politicians

Later in the year, a high-
powered delegation from the
group will travel to Ireland to
hammer home the message. A
media bombardment is planned
along with pressure on
politicians to halt the
haemorrhage of the country's
youth.

Before that, the group is
convening a special meeting in
September of all London's

agencies dealing with youth at
risk. A survival package will
also be prepared to help the
youngsters to avoid the pit-
falls of London.

Sadly, many of the youths
who arrived earlier this year
and last year have still to find
regular jobs. Most are
eventually absorbed into the
system. However, labouring
jobs on the buildings are so
scarce that the average day's
wage is now down to about
two-thirds of what it was last
year.

"I know of young lads
getting only about £18 a week
into their hand," a North
London sub-contractor told
me this week. "The un-
scrupulous builders and
agents are picking and choos-
ing and offering less and
less money. In many cases,
they pocket the difference
themselves."

Accommodation is another
problem. Even if a young man
does relatively well and finds
a regular job, he must face an
uphill task getting somewhere
to live.

An IRISH PRESS instant
check of accommodation
agencies in the Kilburn, Harlesden, Harrow Road triangle
revealed how difficult it was
to get a flat.

Single rooms with shared
kitchens and toilets were
fetching £40 a week. The
potential tenant ever supplied
to provide one month's rent
upfront, plus two weeks more
as commission for the agency.

And only the early bird can
expect to grab even that over-
priced room. Large queues
form outside the property as
soon as the place is advertised.
Amazingly, as Sr Joan
explained, few families of
recently arrived travellers are
aware of the grim reality.

"Nobody is going to go
home and say they haven't
made a success of it", she
remarked. "They'll tell their
families that they are working
fine. I've known of young men
who've told their families at
home that they are working
and doing all right, when in
fact, they are living on the
dole. Everyone likes the family to think you've made good."

EMIGRATING . . . an average of 50 boys and 20 girls now leave for London every day.

Emigration starts again: 26,536 left last year

By Paul Tansey and Maurice Walsh

THERE IS STRONG evidence to suggest that emigration has restarted in Ireland after a lapse of many years. Passenger movements by sea and air indicate that 26,536 more people left the country than entered it during 1979, according to figures prepared by the Central Statistics Office.

This is the highest net outflow figure recorded since 1967, when 49,000 more people left the country than entered it. The 1979 net outflow figure of 26,536 contrasts sharply with the net inflow of 8,440 recorded in 1978 by passenger movement statistics.

The renewed emigration trend indicated by the passenger movement figures is at variance with the official assessment of migration. On the basis of calculations derived from the 1979 Census of Population, the Government, in its recently-published "Review and Outlook Summer 1980", estimated that immigration amounted to 16,000 in the year to April 1979.

While figures of passenger movements are not among the most reliable statistics, the results of the 1979 Census, which indicated a much larger rise in population than had been anticipated, cast doubts on the trustworthiness of all demographic figures. In these circumstances, the magnitude of the 35,000 turnaround in passenger movement figures between 1978 and 1979 indicates that emigration restarted last year.

Corroborative evidence for the renewal of emigration is provided by the fact that the rapid growth in population is not being reflected in a corresponding increase in the labour force. Between 1978 and 1979, the labour force, both employed and unemployed, increased by only 1,000, despite an annual population growth rate in excess of 1½%. If young people are not joining the labour force on the completion of their schooling, the only possibility is emigration.

Changing situation

Ireland's leading demographic expert, Professor Brendan Walsh, of the Economic and Social Research Institute, suggests that the outflow of young people when they have finished their studies is no longer being compensated for by the return to Ireland of skilled workers in their 30s, a situation which characterised the mid-1970s.

Between 1971 and 1975, Professor Walsh estimates that between one-fifth and one-quarter of the school-leaving population emigrated for varying durations. "My

hunch is that this trend has held up," he says.

However, the strong industrial growth experienced by Ireland during the early 1970s attracted many former emigrants to return home. It now appears that the deterioration in economic conditions is convincing these older emigrants to remain abroad. As a result, the outflow of young people is not being covered by returning emigrants.

It does not appear that those with young families are emigrating. "My feeling is that there is very little emigration of those who have settled down with young families, as there was in the 1956 to 1958 period," Professor Walsh says.

A spokesman for the Central Statistics Office confirmed that it is "calculating an estimate of emigration for 1980." This is likely to become available in the autumn.

Visa applications

The US embassy reports that there has been no appreciable increase in the number of resident visas granted in the last two years, but applications for temporary visas show a continuous increase. This category would include students and people going to the US to work there for short periods.

The Australian embassy says that they have had a significant increase in the application rate for resident visas, but there has been

(Continued in page 5)

NET PASSENGER MOVEMENTS 1976-1979

Year	Movement (+ = inflow; — = outflow)
1976	— 6,915
1977	—13,797
1978	+ 8,440
1979	—26,536

Source: Central Statistics Office.

Fewer Irish going to England

By Paul Murray

FOLLOWING warnings about a declining British economy and massive unemployment there was a drop of over 20 per cent in the number of first-time users of Irish Centre Services in London last year.

In its report for 1981 on the centre's welfare and hostel services, it is said that there also seems to be an increasing number of disturbed and delinquent young people coming to the centre from Longford and a marked incidence of marital breakdown in Waterford. However, the report says that it is difficult to generalise from such a small sample of people.

During the year there were 678 new clients at the welfare department, compared to 1,138 the previous year. However, the number of new hostel dwellers rose from 635 to 740.

Explaining the drop in client numbers, the Irish Centre report says that besides a concerted campaign to warn young people in Ireland about the lack of jobs and economic difficulties in Britain, there had also been campaigns in London to stop people coming to that city. EEC opportunities might also have contributed.

This decrease in Irish people was also noted by London West End social agencies, the report states, and it adds that of the eight 15-year-olds who came to the centre during the year, five had left Ireland to escape from pending court appearances.

Nearly 60 per cent of new applicants to the centre were in the age group 18 to 25 years, and 6 per cent were under 18. The report notes, however, that not all young people solve their problems easily.

The centre noted no marked discrepancy between the educational standards among the men and women with Irish educational backgrounds. However, the girls with the higher academic levels, were more interested in professional advancement than men.

Emigration may be factor in jobless drop

By Ken O'Brien,
Economics Correspondent

FOR the second time so far in 1984, the monthly seasonally-adjusted unemployment total in Ireland has fallen — belying all forecasts so far made which unanimously predicted a further rise in the number on the dole this year. Privately economists yesterday were suggesting that the falls may indicate a rise in emigration as well as a pick-up in the number of new job opportunities.

In Britain and Northern Ireland meanwhile hard-core unemployment rose on the other hand, giving rise to worry among London commentators that the figures are showing no signs of the broad economic recovery that is being hoped for. The total seasonally-adjusted jobless total in the United Kingdom rose by 17,700 in May to 3,028,600. It is the fifth increase in the last six months in the figure, which is the best guide to the underlying trend. By contrast the unadjusted figure, including school-leavers, fell by 23,325 in May to 3,084,457, or 12.9 per cent of the workforce.

But in the North, even when seasonal trends are discounted, there was still a rise in the jobless total. The number actually claiming unemployment benefit in Northern Ireland rose by 500 last month to 21.6 per cent of the insured working population. A total of 120,597 are now registered as being without jobs, 5,644 more than this time last year. Last month's seasonally adjusted figures for the North showed an increase in the jobless rate to 21.2 per cent.

During May, the number on the live register in the Republic fell by 5,704, from 213,544 at the end of April to 207,804 at the end of May. Most of the fall was due to seasonal factors, however — at this time of year there is always a dip in the unemployment figures as temporary summer jobs materialise, most notably in the tourism, agricultural and building sectors.

When these seasonal factors are accounted for there was still a fall in the underlying jobless level of 2,500 during the month of May, or 1.2 per cent. The seasonally adjusted jobless total was 210,500 at the end of May, compared with 213,000 at the end of April, and 210,900 at the end of March. The fall in the underlying trend may in fact be less encouraging than the figures suggest at first sight, as the May downturn has been preceded by a sharp rise in April. Taking May and April together there is still a fall, however, of 400 compared with March — the month which showed the first monthly fall in Ireland's jobless figures since 1979.

At the time, the March figures

(Continued on page 5)

11,000 emigrated in two years

NET EMIGRATION in the 1981-83 period was tentatively estimated at 11,000, the Minister of State to the Taoiseach, Mr Sean Barrett, said at Question Time.

Replying to Mr Albert Reynolds, Fianna Fail spokesman on Industry, he said this was based on population estimates. The 1983 estimate was 65,000 above the 1981 census figure, the natural increase — excess of births over deaths in the same period — was 76,000.

Mr Reynolds said emigration was returning at an alarming rate and it seemed to be the only solution offered to young people by the present Government.

Amerikas Iren sollen umdenken

NEW YORK, im September Hinter der Erklärung, die Präsident Carter dieser Tage zur Lage in Nordirland abgegeben hat, steckt weit mehr, als ihr vorsichtig formulierter Wortlaut vermuten läßt. Wichtig ist zunächst, daß sie überhaupt zustande kam; es ist das erstemal, daß sich ein amerikanischer Präsident zu Aeußerungen über die ruhelose Ulster-Provinz entschlossen hat, über ein Thema also, das angesichts der fünfzehn Millionen Amerikaner irischer Herkunft seit je heikel ist.

Doch Carters Appell an „alle Amerikaner, gewalttätigen Organisationen jede finanzielle und andere Unterstützung zu verweigern", seine Verheißung wirtschaftlicher Investitionen, sobald eine friedliche Lösung in Nordirland erreicht sei, ist das Ergebnis einer diplomatischen Offensive, an der die wichtigsten, mächtigsten und bekanntesten amerikanischen Politiker irischer Herkunft beteiligt waren. Ein heikles Thema ist tapfer angerührt, ein irisch-amerikanisches Trauma der Heilung nahe. Senator Edward Kennedy, ein Sprößling des Clans, der die katholischen Iren zum ersten Mal ins Weiße Haus gebracht hat, und, heute ihr prominentester Vertreter, hat in drei Wochen auf die Erklärung Carters hingedrängt, die in seinen Worten „den Protestanten Nordirlands versichern soll, daß sie nichts zu fürchten haben von der irisch-amerikanischen Gemeinde".

Ob ihr die skeptischen Ulster-Protestanten glauben werden oder nicht — die Beschwichtigung war dringend nötig. Die Iren in Amerika sind der Hauptlieferanten von Waffen für die „Irisch Republikanische Armee" (IRA). Zwischen 75 und 80 Prozent der Gewehre sollen nach Schätzungen von Experten aus amerikanischer Quelle stammen. Bei den Treffen, Festen, Dinners irischer Vereine, die „Geld für Nordirland" sammeln, wird von Waffen nicht gesprochen. Doch in den Kneipen von Brooklyn, Bronx und Manhattan, die von Veteranen des illegalen Kampfes gegen England betrieben werden, kursieren die Geschichten von Koffern, Kisten, Särgen, die schwerer waren, als ihre harmlosen Frachterklärungen vermuten ließen.

Die Iren in Amerika sind stets noch „heiliger England-Hasser gewesen als die Iren auf der Insel. Präsident Taft hat zu Anfang des Jahrhunderts den Widerstand der irischen Machtblocks zu spüren bekommen. Dem Präsidenten Wilson hat die irische Gemeinde nie vergessen, daß er die britische Exekution nicht verhindern konnte, die dem blutigen Osteraufstand in Dublin 1916 folgten, und trotz aller Hetzereien der New Yorker „Fighting Irish" unter „Wild Bill" Donovan im Argon-

nerwald war der großen Mehrheit der irischen Amerikaner der englische Verbündete im Ersten Weltkrieg verhaßter als der deutsche Gegner. Die prominente irisch-amerikanische Sozialistin Elizabeth Gurley Flynn, ein Kind der Lower East Side von New York, erinnert sich, daß ihr Vater nie das Wort „England" aussprach, ohne ein „God damn her" zuzufügen: „Wir haben einen brennenden Haß auf das englische Regime mit der Muttermilch eingesogen."

Die Iren, die in Scharen um die Mitte des vergangenen Jahrhunderts nach Amerika strömten, brachten ihren Haß auf England mit. Unterstützung im Freiheitskampf der Insel ist stets ein Glaubenssatz der Iren in Amerika gewesen. Haß auf den heutigen Tag. „Get Britain out of Ireland" steht auf den Knöpfen, die seit 1970 bei der großen irischen Parade am St.-Patricks-Tag in New York getragen werden; einer davon schmückte den Jackenaufschlag des Präsidentschaftskandidaten Carter noch im vergangenen Jahr. Nach dem „Blutsonntag von Derry" 1972 trugen die Teilnehmer der Patricks-Parade in New York dreizehn Kreuze mit, eines für jeden Toten der blutigen Straßenschlacht. Die „Sinn Feiner" haben aus Amerika Geld und geistige Unterstützung bekommen und schließlich auch ihren Führer und künftigen irischen Premierminister, Eamon de Valera, der in New York geboren ist.

In den sechziger Jahren des vorigen Jahrhunderts gab es das „Fenier" in New York, eine Bruderschaft irischer Revolutionäre, die seit 1866 einen abenteuerlichen Plan entdeckten, durch eine Invasion von Kanada Freiheit für Irland zu erpressen. Den Unternehmen schlossen bereits am Niagara-Fluß. Doch über die Organisation Clan na Gael, die heute noch besteht, werden Gelder und Waffen in die irische Rebellion geschleust. Aus Amerika bezog die IRA noch 1916 ihre Thompson-Schnellfeuergewehre.

Die Spaltung der IRA in „offizielle" und „Provisionals"-Flügel Ende 1969 zog die Spaltung der irisch-amerikanischen Förderer nach sich; seit 1970 arbeiten die Irish Republican Clubs in Amerika und Kanada mit den „Offiziellen", während das einflußreichere, finanzstärkere und straffer organisierte „Northern Aid Committee", geleitet von Veteranen irischer Widerstandsbanden, die illegalen versorgt. Die Loyalität der „Provisionals" liegt weithin zwischen zwei Seelen: Ulster und der neuen Heimat.

Seit Anfang dieses Jahres indessen kündigt sich ein Wandel an. In aufse-

henerregenden Erklärungen haben sich prominente Irischamerikaner gegen das Blutvergießen in Nordirland gewandt. Am Vorabend des diesjährigen Patricks-Tages verurteilten Amerikas vier bekannteste und einflußreichste irische Politiker die Gewalttätigkeiten in Ulster; gleichzeitig forderten sie alle Amerikaner auf, gewalttätigen Organisationen fortan jegliche moralische und finanzielle Hilfe zu verweigern. Unterzeichnet war das ungewöhnliche Dokument von dem New Yorker Gouverneur Hugh Carey, dem Sprecher des Repräsentantenhauses Thomas O'Neill und von den Senatoren Edward Kennedy (Massachusetts) und Daniel Patrick Moynihan (New York).

Vier Wochen später griff Carey, den das „Rocal College of Surgeons" in Dublin zu einer Festansprache eingeladen hatte, auf irischem Boden die IRA in äußerst scharfer Form an. Was diese Organisation betreibe, sagte Carey, das sei „eine Politik des Todes". Der New Yorker Demokrat erklärte, er wolle die streitenden Parteien von Ulster bei ihren rechten Namen nennen: „Wenn die ‚Provisionals' schlicht ‚irische Mörder' und die anderen ‚irische Marxisten' hießen, dann könnten die Leute sehen, wen sie vor sich haben, und sie erhielten keinen Nickel Unterstützung mehr aus den Vereinigten Staaten."

Diese ungewohnten Töne fanden nicht den ungeteilten Beifall der amerikanisch-irischen Gemeinde, und sie sind auch nicht aus ihr hervorgegangen. Vielmehr ist diese neue Distanzierung gegenüber Ulster das Resultat einer langfristigen, diskreten und geduldigen diplomatischen Einflußnahme auf Amerikas führende Iren, die Dublin, London und Ulsters katholische Gemeinden betrieben haben. So kam die gemeinsame Erklärung zum Patricks-Tag zustande. So konnte Carey gegen die „Mörder" wettern. So konnte Kennedy im Mai auf einer irischen Wohltätigkeitsveranstaltung in New York erklären: „Solange das Morden in Nordirland weitergeht, wird kein Amerikaner es auf seinem Gewissen haben, daß sein Beitrag, seine Dollars die Gewalt verschlimmern haben." Seit dem Frühsommer haben diese vier einflußreichen Iren den Aufkenminister und das Weiße Haus auf eine Erklärung gedrängt, die strikte amerikanische Neutralität verheißt und Waffenlieferung verurteilt. Noch muß die irische Schicht der irischen Amerikaner die Wendung mitvollziehen, die ihre führenden Vertreter vorgeführt haben; daß diese vier, allesamt mit ererbtem irischem Kampfgeist begabt, die Trennung von der IRA so radikal vollzogen haben, ist ein Signal, das die amerikanischen Iren nicht überhören können.

Irlands Leidensweg

Unterdrückung, Hunger, Teilung — die Geschichte der Insel / Von Jürgen Busche

Nichts kann die Verbrechen rechtfertigen, die gegenwärtig bei den Völkern Europas Entsetzen hervorrufen. Die irischen Mörder des Earl of Mountbatten sind Mörder, und es gibt keinen Grund, daß sie sich ihrer Tat rühmen könnten. Dennoch ist es zum Verständnis dessen, was auf irischem Boden geschieht, notwendig, sich die unglückliche Geschichte Irlands zu vergegenwärtigen. Denn das Entsetzliche ist nur Teil einer Geschichte, die viel Entsetzliches aufweist. Das Inhumane ist nur irrational. Aber das historisch Erklärbare bleibt deshalb doch inhuman, wenngleich solches Urteilen nicht Sache des Historikers ist.

Seit langer Zeit prägen Mitleid und Bewunderung die Gefühle, die der gebildete Europäer für Polen hegt. Immer wieder zwischen den Großmächten aufgeteilt, unterdrückt und verfolgt, zusammengehalten allein durch die gemeinsame Religion und die polnische Sprache, hat dieses Volk durch Jahrhunderte um seine Identität gekämpft und sie zuletzt trotz fürchterlicher Dezimierungen in seinem Adel, seiner Intelligenz, im einfachen Volk bewahrt. Aber es sind nicht die Polen, die unter den europäischen Völkern auf die leidvollste Geschichte zurückblicken. Die längste, die grausamste und die am wenigsten beachtete Unterdrückung, die Besonderheit hatten die Iren zu erdulden. Wenn das heute unabhängige Indien nach der Ermordung seines letzten britischen Vizekönigs, Mountbatten, eine mehrtägige Staatstrauer anordnet, so kommt hierin eine Dankbarkeit zum Ausdruck, zu der die Iren, die es ebenfalls mit London bestellten Vizekönigen zu tun hatten, nur selten Grund finden konnten. Manche Kolonie mochte sich in der Tat glücklich schätzen, wenn sie ihr Schicksal mit dem Irlands in Vergleich setzte.

Die berühmte „Encyclopaedia Britannica", 1768 gegründet, hat in ihrer 15. Ausgabe, die unterdessen von Chikago aus besorgt wurde, im Juli 1978 noch kein Stichwort für Irland, wohl aber inzwischen für Indien. In der „Macropaedia" sucht man vergebens unter I (er E (für Eire). In der „Micropaedia" schließlich findet sich der kümmerliche Hinweis: „Ireland, history of: see Britain and Ireland, history of". So wenig ist Irland für das geistige Bewußtsein in die Unabhängigkeit entlassen.

Also ist es auch kaum verwunderlich, daß große irische Dichter mit kühler Selbstverständlichkeit zur englischen Literatur gezählt werden: Swift, Joyce, Beckett, Shaw, Synge, O'Casey und unzählige andere. Hatte man den Polen wenigstens noch ihre Sprache gelassen, so verdrängte auf der Grünen Insel schon früh das Englische die Gälische zumindest als Kultursprache. Schon im späten Mittelalter setzte sich der anglonormannische Adel als beherrschende Oberschicht durch. Ende des 15. Jahrhunderts etablierten die Tudors endgültig die englische Herrschaft über Irland. Das „Poynings' Law" von 1494 machte den Zusammentritt des irischen Parlaments und die Einbringung eines Gesetzesantrags von der Zustimmung des englischen Königs abhängig.

Heinrich VIII. schließlich ließ sich vom irischen Parlament, das seit 1297 bestanden hatte und auch schon nur eine Versammlung von Anglo-Iren gewesen war, 1541 zum König von Irland

ausrufen. Der eingesessene Adel, in Polen ein starker Rückhalt für die Aufrechterhaltung des nationalen Selbstbewußtseins, bekam seinen Grundbesitz von der englischen Krone zum Lehen und erhielt britische Adelstitel.

Irland als nationale Einheit wurde von nun an nur noch zusammengehalten durch den katholischen Glauben und die Erfahrung der gemeinsamen Unterdrückung. Jahrhunderte bevor der heilige Bonifatius, der Apostel der Deutschen, in die Wälder Germaniens kam, Jahrhunderte bevor sich Karl der Große und der Sachsenherzog Widukind um 550 herum vom heiligen Patrick missioniert worden, hatte sich in Irland eine katholische Kultur entwickelt, die das Land zumindest rechtlich, einte. Umso größer so die Entfremdung, zur Zeit der Reformation tausend Jahre alte religiöse Macht wandte sich nun die englische Politik. Unter Eduard VII. und Elisabeth I. wurde versucht, die neugegründete protestantische Kirche von Irland durchzusetzen.

Doch sogar die Anglo-Iren blieben dem Katholizismus treu. In der Mitte des 16. Jahrhunderts begann als Folge der religiösen politischen Spannungen die Serie von nationalen Aufständen, die bis in die Gegenwart hinein nicht abgerissen ist. Die Aufstände wiederum bestärkten die Engländer darin, mit der Politik der vollständigen Unterdrückung fortzufahren, was wiederum der Rebellion Vorschub leistete. In der brutalen Aneignung der Insel wurden die katholischen Iren nahezu rechtlos gestellt. Landbesitzer wurden enteignet, an ihrer Stelle kamen schottische und englische Siedler ins Land. Die Siedlungspolitik hatte freilich nur in der Grafschaft Ulster, dem heutigen Nordirland, Erfolg. Doch schon 1641 erhoben sich die enteigneten Katholiken und brachten Tausende Siedler um. Der Aufstand wurde von Cromwell mit unvorstellbarer Grausamkeit niedergeschlagen.

Unterdrückung, Armut und Rechtlosigkeit war das Schicksal der Iren bis ins 19. Jahrhundert hinein. Und für all das wurden die Engländer, oft genug zu Recht, verantwortlich gemacht. Die Hungersnöte des 18. Jahrhunderts wur-

den — nicht zuletzt durch Swift — zum europäischen Skandal. Die Hungersnöte blieben Irland treu. Der generationenlange Exodus nach Nordamerika ist durch erschütternde Zahlen gekennzeichnet: 1843 zählte die Bevölkerung Irlands 8,5 Millionen Menschen — 1831 waren es nur noch 6,55 Millionen, und auch für all das gab es nicht genug Nahrungsmittel.

Blutig waren auch die Stationen des Weges, der zur Gründung des irischen Freistaates führte: die Insel wurde schließlich geteilt. Ulster, wo es einen protestantischen Bevölkerungsanteil gab, kam nicht zur Republik, sondern gehörte weiterhin zum Herrschaftsbereich der britischen Krone. Schlimmer war, daß sich auch an der Lage der katholischen Iren in Ulster nichts änderte. Der Haß, den England jahrhundertelang gegen die Iren hatte austoben können, bestimmte wesentlich das Verhältnis der protestantischen Nordiren zu ihren katholischen Mitbrüdern. Zum Schutz der Katholiken wurden Ende der sechziger Jahre britische Soldaten nach Ulster geschickt. Durch skrupellose Provokation verstand es die Untergrundorganisation IRA (Irische Republikanische Armee) jedoch bald, das Militär in eine Rolle zu bringen, in der es wiederum den Haß der Katholiken auf sich ziehen mußte — und am Ende auch die Soldaten, die London herübergeschickt hat, dauernd in Irland noch tötet.

Die Jahrhunderte der Unterdrückung wurden in Europa kaum jemals sonderlich bemerkt. Nur die Franzosen erinnerten sich gelegentlich daran schlummernden Möglichkeiten, wenn sie darüber nachdachten, die Engländer zu ärgern. Doch bei dem wenigen, was an militärischer Aktion daraus hervorging, waren es wiederum die Iren, die die Prügel bezogen.

Anders als die Russen der Zaren, die dem zivilisierten Europa als die Bestien schlechthin erschienen, anders als die Preußen der Hohenzollern und die Österreicher der Habsburger standen die Engländer in der Neuzeit stets in dem Rufe, tolerant, menschlich und kompromißbereit. So taugten denn auch die Iren, die davon nichts mitbekamen, weniger zu allseits bedauerten Opfern als die Polen, derer mitleidig zu gedenken auch immer bedeutete, die Unterdrücker in St. Petersburg, Berlin und Wien zu beleidigen, um Fronten herzustellen und Gegnerschaften zu befestigen, die man aus vielfach anderen Gründen gern sah. Auch hatten es die Polen nach drei Mächten zu tun, die ihr Fell verteilen wollten; das ließt immer Möglichkeiten für den Bedrängten offen. Für die Iren gab es gegenüber London keinen Raum zum Taktieren.

So ist der Weg Englands in die nordirische Katastrophe lang und blutig. Welches Ergebnis der gegenwärtige Konflikt dort auch immer zeitigen mag, es wird ein Ergebnis sein, das der Vorgeschichte entspricht.

CENSUS OF POPULATION, 1981

TABLE 1: - POPULATION OF EACH PROVINCE AT EACH CENSUS SINCE 1926; MARRIAGES, BIRTHS AND DEATHS REGISTERED, NATURAL INCREASE AND ESTIMATED NET MIGRATION IN EACH INTERCENSAL PERIOD SINCE 1911.

| | | Figures for the Intercensal Period mentioned in last column | | | | | | |
| Total Population | | Marriages Registered | Births Registered | Deaths Registered | Natural Increase (Births minus Deaths) | Change in Population | Estimated Net Migration (Inward less Outward) | Intercensal Period |
Year	Persons							
				TOTAL				
1926	2,971,992	230,525	968,742	731,409	237,333	- 167,696	- 405,029	1911-1926
1936	2,968,420	136,699	583,502	420,323	163,179	- 3,572	- 166,751	1926-1936
1946	2,955,107	159,426	602,095	428,297	173,798	- 13,313	- 187,111	1936-1946
1951	2,960,593	79,231	322,335	197,281	125,054	+ 5,486	- 119,568	1946-1951
1956	2,898,264	79,541	312,517	178,083	134,434	- 62,329	- 196,763	1951-1956
1961	2,818,341	76,669	302,816	170,736	132,080	- 79,923	-212,003	1956-1961
1966	2,884,002	80,754	312,709	166,443	146,266	+ 65,661	- 80,605	1961-1966
1971	2,978,248	95,662	312,796	164,644	148,152	+ 94,246	- 53,906	1966-1971
1979	3,368,217	171,705	548,413	267,378	281,035	+ 389,969	+ 108,934	1971-1979
1981	3,443,405	42,736	146,224	65,991	80,233	+ 75,188	- 5,045	1979-1981
				LEINSTER				
1926	1,149,092	99,593	383,768	302,183	81,585	- 12,952	- 94,537	1911-1926
1936	1,220,411	62,879	250,481	174,879	75,602	+ 71,319	- 4,283	1926-1936
1946	1,281,117	76,825	277,696	180,349	97,347	+ 60,706	- 36,641	1936-1946
1951	1,336,576	39,202	150,893	82,205	68,688	+ 55,459	- 13,229	1946-1951
1956	1,338,942	43,145	152,760	74,300	78,460	+ 2,366	- 76,094	1951-1956
1961	1,332,149	43,005	153,487	72,634	80,853	- 6,793	- 87,646	1956-1961
1966	1,414,415	45,506	165,121	72,412	92,709	+ 82,266	- 10,443	1961-1966
1971	1,498,140	53,689	168,060	72,131	95,929	+ 83,725	- 12,204	1966-1971
1979	1,743,861	92,316	293,758	119,007	174,751	+ 245,721	+ 70,970	1971-1979
1981	1,790,521	22,158	78,511	30,050	48,461	+ 46,660	- 1,801	1979-1981
				MUNSTER				
1926	969,902	74,388	313,119	229,634	83,485	- 65,593	- 149,078	1911-1926
1936	942,272	42,023	184,113	133,474	50,639	- 27,630	- 78,269	1926-1936
1946	917,306	47,410	181,614	134,881	46,733	- 24,966	- 71,699	1936-1946
1951	898,870	23,303	96,887	63,302	33,585	- 18,436	- 52,021	1946-1951
1956	877,238	21,782	92,113	57,082	35,041	- 21,632	- 56,673	1951-1956
1961	849,203	20,794	88,622	55,257	33,365	- 28,035	- 61,400	1956-1961
1966	859,334	22,200	91,190	53,893	37,297	+ 10,131	- 27,166	1961-1966
1971	882,002	26,696	90,996	53,251	37,745	+ 22,668	- 15,077	1966-1971
1979	979,819	48,417	159,703	85,528	74,175	+ 97,817	+ 23,642	1971-1979
1981	998,315	12,275	41,615	20,638	20,977	+ 18,496	- 2,481	1979-1981
				CONNACHT				
1926	552,907	35,448	175,588	122,218	53,370	- 58,077	- 111,447	1911-1926
1936	525,468	20,271	97,656	70,518	27,138	- 27,439	- 54,577	1926-1936
1946	492,797	22,110	92,323	72,540	19,783	- 32,671	- 52,454	1936-1946
1951	471,895	10,579	48,401	33,519	14,882	- 20,902	- 35,784	1946-1951
1956	446,221	8,921	44,561	30,204	14,357	- 25,674	- 40,031	1951-1956
1961	419,465	7,749	40,569	27,810	12,759	- 26,756	- 39,515	1956-1961
1966	401,950	7,767	36,616	26,305	10,311	- 17,515	- 27,826	1961-1966
1971	390,902	9,275	34,678	25,972	8,706	- 11,048	- 19,754	1966-1971
1979	418,500	18,953	60,692	40,824	19,868	+ 27,598	+ 7,730	1971-1979
1981	424,410	5,358	16,518	10,246	6,272	+ 5,910	- 362	1979-1981
				ULSTER (part of)				
1926	300,091	21,096	96,267	77,374	18,893	- 31,074	- 49,967	1911-1926
1936	280,269	11,526	51,252	41,452	9,800	- 19,822	- 29,622	1926-1936
1946	263,887	13,081	50,462	40,527	9,935	- 16,382	- 26,317	1936-1946
1951	253,252	6,147	26,154	18,255	7,899	- 10,635	- 18,534	1946-1951
1956	235,863	7,693	23,073	16,497	6,576	- 17,389	- 23,965	1951-1956
1961	217,524	7,121	20,138	15,035	5,103	- 18,339	- 23,442	1956-1961
1966	208,303	5,281	19,782	13,833	5,949	- 9,221	- 15,170	1961-1966
1971	207,204	6,002	19,062	13,290	5,772	- 1,099	- 6,871	1966-1971
1979	226,037	12,019	34,260	22,019	12,241	+ 18,833	+ 6,592	1971-1979
1981	230,159	2,945	9,580	5,057	4,523	+ 4,122	- 401	1979-1981

TABLE L:-AVERAGE ANNUAL RATE OF ESTIMATED NET MIGRATION (inward less outward) PER 1,000 OF AVERAGE POPULATION IN EACH INTERCENSAL PERIOD, 1951-1981.

Province or County	1951-1956	1956-1961	1961-1966	1966-1971	1971-1979	1979-1981	1971-1981
TOTAL	- 13.4	- 14.8	- 5.7	- 3.7	+ 4.3	- 0.7	+ 3.2
LEINSTER	- 11.4	- 13.1	- 1.5	- 1.7	+ 5.5	- 0.5	+ 4.2
MUNSTER	- 12.8	- 14.2	- 6.4	- 3.5	+ 3.2	- 1.3	+ 2.3
CONNACHT	- 17.4	- 18.3	- 13.6	- 10.0	+ 2.4	- 0.4	+ 1.8
ULSTER (part of)	- 19.6	- 20.7	- 14.2	- 6.6	+ 3.8	- 0.9	+ 2.8
LEINSTER							
Carlow	- 12.9	- 16.1	- 12.2	- 8.9	+ 1.8	- 0.6	+ 1.3
Dublin*	- 9.7	- 10.1	+ 4.8	- 0.7	+ 4.0	- 3.5	+ 2.4
Kildare	- 15.5	- 18.4	- 8.4	+ 0.9	+ 18.3	+ 14.2	+ 17.3
Kilkenny	- 11.1	- 15.6	- 10.9	- 4.2	+ 5.5	+ 1.6	+ 4.7
Laoighis	- 13.6	- 17.2	- 12.6	- 6.4	+ 3.1	+ 1.4	+ 2.7
Longford	- 16.6	- 20.8	- 16.8	- 11.3	+ 3.2	- 2.4	+ 2.1
Louth	- 10.2	- 17.1	- 6.8	+ 0.9	+ 6.8	- 0.4	+ 2.1
Meath	- 8.2	- 14.7	- 4.1	+ 1.3	+ 15.6	+ 9.5	+ 14.3
Offaly	- 12.3	- 13.2	- 11.7	- 11.6	+ 0.5	- 4.6	- 0.5
Westmeath	- 13.3	- 15.9	- 12.3	- 9.1	+ 3.2	+ 0.2	+ 2.6
Wexford	- 14.3	- 17.4	- 9.5	- 4.0	+ 1.8	- 0.2	+ 1.4
Wicklow	- 18.8	- 17.2	- 4.2	+ 7.5	+ 14.5	+ 5.6	+ 12.6
MUNSTER							
Clare	- 15.9	- 14.9	- 6.3	- 1.9	+ 7.3	+ 5.7	+ 6.9
Cork*	- 10.0	- 11.2	- 3.9	- 1.9	+ 4.1	- 2.8	+ 2.7
Kerry	- 14.0	- 15.2	- 11.2	- 4.7	+ 1.6	+ 2.2	+ 1.7
Limerick*	- 15.8	- 17.0	- 5.0	- 6.5	+ 1.5	+ 1.0	+ 1.4
Tipperary, N.R.	- 14.0	- 16.1	- 8.3	- 6.5	- 0.7	- 7.5	- 2.1
Tipperary, S.R.	- 15.5	- 18.6	- 13.0	- 8.2	+ 1.3	- 3.0	+ 0.4
Waterford*	- 10.6	- 14.8	- 5.0	+ 1.6	+ 4.4	- 4.0	+ 2.6
CONNACHT							
Galway	- 15.2	- 16.2	- 10.6	- 6.7	+ 4.6	+ 1.2	+ 3.9
Leitrim	- 23.1	- 22.7	- 19.1	- 14.7	- 2.3	- 5.9	- 3.0
Mayo	- 19.1	- 20.3	- 17.1	- 14.0	+ 0.2	- 2.7	- 0.4
Roscommon	- 16.1	- 17.9	- 11.7	- 10.9	+ 0.6	- 0.3	+ 0.4
Sligo	- 17.1	- 16.6	- 12.7	- 6.8	+ 4.6	+ 2.0	+ 4.1
ULSTER (part of)							
Cavan	- 18.2	- 21.3	- 13.8	- 9.1	- 3.0	- 7.7	- 3.9
Donegal	- 20.2	- 17.9	- 15.0	- 6.3	+ 7.2	+ 2.9	+ 6.3
Monaghan	- 19.7	- 26.5	- 12.9	- 4.4	+ 3.2	- 2.9	+ 2.0

*County and County Borough.

Although lower than for the 1971-'79 period, the annual average rates of net inward migration per thousand of the average population for Kildare and Meath for 1979-'81 at 14.2 and 9.5 respectively, are nevertheless very high. Wicklow, with a rate of 5.6 for 1979-'81, shows a large decrease from the 14.5 for the 1971-'79 period and indeed is 2 points lower than the 7.5 recorded for the 1966-'71 period.

In Munster only Clare, Kerry and Limerick experienced net inward migration for the 1979-'81 period while in Connacht and Ulster, Galway and Sligo experienced positive rates of net inward migration while the rate for Donegal at 2.9 was much over than the 7.2 recorded for the 1971-'79 period.

Table 9. Average Annual Rate of Estimated Net Migration per 1,000 of average population from each County in each Intercensal Period since 1951.

(+ =Net immigration; − =Net emigration)

AREA	1951-1956	1956-1961	1961-1966	1966-1971	1971-1979
Total	−13.4	−14.8	−5.7	−3.7	+4.3
LEINSTER	−11.4	−13.1	−1.5	−1.7	+5.5
MUNSTER	−12.8	−14.2	−6.4	−3.5	+3.2
CONNACHT	−17.4	−18.3	−13.6	−10.0	+2.4
ULSTER (part of) ..	−19.6	−20.7	−14.2	−6.6	+3.8
LEINSTER:					
Carlow	−12.9	−16.1	−12.2	−8.9	+1.8
Dublin (a) ′ ..	−9.7	−10.1	+4.8	−0.7	+4.0
Kildare	−15.5	−18.4	−8.4	+0.9	+18.3
Kilkenny	−11.1	−15.6	−10.9	−4.2	+5.5
Laoighis	−13.6	−17.2	−12.6	−6.4	+3.1
Longford	−16.6	−20.8	−16.8	−11.3	+3.2
Louth	−10.2	−17.1	−6.8	+0.9	+6.8
Meath	−8.2	−14.7	−4.1	+1.3	+15.6
Offaly	−12.3	−13.2	−11.7	−11.6	+0.5
Westmeath ..	−13.3	−15.9	−12.3	−9.1	+3.2
Wexford	−14.3	−17.4	−9.5	−4.0	+1.8
Wicklow	−18.8	−17.2	−4.2	+7.5	+14.5
MUNSTER:					
Clare	−15.9	−14.9	−6.3	−1.9	+7.3
Cork (a)	−10.0	−11.2	−3.9	−1.9	+4.1
Kerry	−14.0	−15.2	−11.2	−4.7	+1.6
Limerick (a) ..	−15.8	−17.0	−5.0	−6.5	+1.5
Tipperary, N.R. ..	−14.0	−16.1	−8.3	−6.5	−0.7
Tipperary, S.R. ..	−15.5	−18.6	−13.0	−8.2	+1.3
Waterford (a) ..	′ −10.6	−14.8	−5.0	+1.6	+4.4
CONNACHT:					
Galway	−15.2	−16.2	−10.6	−6.7	+4.6
Leitrim	−23.1	−22.7	−19.1	−14.7	−2.3
Mayo	−19.1	−20.3	−17.1	−14.0	+0.2
Roscommon ..	−16.1	−17.9	−11.7	−10.9	+0.6
Sligo	−17.1	−16.6	−12.7	−6.8	+4.6
ULSTER (part of):					
Cavan	−18.2	−21.3	−13.8	−9.1	−3.0
Donegal	−20.2	−17.9	−15.0	−6.3	+7.2
Monaghan ..	−19.7	−26.5	−12.9	−4.4	+3.2

(a) County and County Borough.

Table 5 : Estimated Total and Average Annual Net Outflow for intercensal periods between 1901 and 1971.

Intercensal Period	Estimated Net Outflow	
	Total	Average Annual
1901 - 1911	261,500	26,200
1911 - 1926	405,000	27,000
1926 - 1936	166,800	16,700
1936 - 1946	187,100	18,700
1946 - 1951	119,600	23,900
1951 - 1956	196,800	39,400
1956 - 1961	212,000	42,400
1961 - 1966	80,600	16,100
1966 - 1971	53,900	10,800

Table 6 : Estimated percentage of certain cohorts lost because of net migratory movements up to 1971.

Age Group at Census	1926		1936		1946	
	Male	Female	Male	Female	Male	Female
	Net Migratory Loss (%) up to 1971					
0-4	34.1	31.4	37.9	37.6	38.6	38.2
5-9	32.5	31.0	37.8	35.3	40.6	40.7
10-14	31.4	31.5	36.9	34.2	40.0	39.6
15-19	31.2	33.9	31.4	28.5	35.6	33.8
20-24	25.6	23.9	26.6	21.5	26.4	22.6
25-29	5.9	10.7	16.8	16.9	13.8	15.5

Irland

einfach natürlich und menschlich…

"frisch gebuttertes Laus und Hummer direkt aus dem Meer – unverfälscht natürlich…" – "Wenn Sie jeden Tag auf einem anderen irischen Golfplatz spielen wollen, brauchen Sie ein halbes Jahr" – "Sieh mal die Blätter – wie frisch poliert nach dem Regen" – "So schnell wird man Kapitän – ohne Bootskümmer schien" – "Weil Bauern haben Privatburgen – auf ihrer Viehweide" – "Gras wie frisch gestrichen" – "Die Iren sind große Geschichtenerzähler – die Besten haben dafür Notizblöcke bekommen" – "Wenn man mit dem Rad unterwegs ist, kann es passieren, daß man den ganzen Tag von Regen auf – "So einen Himmel habe ich noch nie gesehen" – "Schau mal, da von den Ferien Genießer. Eine kleine Seereise" – "Pub-Gespräche ersetzen die irish Continental Line ist noch etwas für Genießer. Eine kleine Seereise" – "Nicht mal zwei Stunden dauert der Flug

nach Irland – da lohnt sich sogar ein Kurzurlaub" – "Pres-weil lassen wird man noch, da mache Pullover" – "Wenn Sie nach Irland fahren, sollen Sie mindestens ein Leid singen können" – "Zirka 50 Meter fährt man mit dem Auto vom Kontinent nach Irland – abends auf die Direktfähre drauf und am nächsten Tag drüben wieder runter" – "Die kleine Ferienstaße kann man so voll ausnutzen: Die Aer Lingus fliegt täglich direkt nach Irland" – "In manchen irischen Lebensmittel-Eisenwaren-fertig-geschäfte gibt es eine gemütlichere Bar als in einem First Class Hotel" – Die irische Fremdenverkehrszentrale verschickt ein kom-plettes Informationspaket" – liebes Irland im handlichen Taschenbuch-format mit wichtigen Tips und vielen Informationen".

Urlaub –
typisch irisch…

Für ganz Eilige: Telefon (069) 236492
Stichwort „Informationspaket"

Bon Bitte schicken Sie mir das komplette Informationspaket mit den Broschüren von Aer Lingus Irish Airlines mit täglichen Direktflügen und von Irish Continental Line mit den Direktfähren bis St. Hamre und Cherbourg Verwaltungszentrale: Aer Lingus Irish Airlines, 6338 Hüttenberg

Name:

Straße:

PLZ/Ort:

🍀